JN325633

あなたの奥さん、大丈夫？

妻は年金分割を待っている

太秦康紀

はじめに

2、3年前、夫婦の在り方をテーマにしたテレビドラマが放映され話題を集めた。会社ひと筋の人生を送ってきたサラリーマンが定年退職を迎えた日、35年連れ添った妻から突然離婚を宣言される『熟年離婚』（テレビ朝日）である。

このドラマは「自分には関係の無い事だ」といって熟年離婚などに全く関心の無かった熟年男性たちも大いに興味を示し、視聴率も20％を超えたと言う。他人事ではないとヒヤヒヤ、ドキドキしながら毎週欠かさず見入った男性もきっと多かったのではないだろうか。このドラマが火付け役となって、新聞や雑誌などでも頻繁に熟年離婚が取り上げられるようになった。

毎日新聞社が発行し、硬派の経済誌として知られる『週刊エコノミスト』（2005年11月22日付）も熟年離婚を取り上げ、特集記事を掲載していた。表紙には「熟年―年金分割が加速させる離婚　２００７年40万組」との刺激的な大見出しが踊っていた。誌面では、「結婚したのが間違いだった」「２００７年に顕在化する離婚予備軍　潜在離婚率は米国に次ぐ高水準に」の見出しが並ぶ。大衆相手の週刊誌や女性週刊誌とは一線を画する『週刊エコノミスト』が特集するほど、熟年離婚は社会現象化する兆しを見せていた。新聞や雑誌などでは熟年離婚が増加する理由として、２つの「２００７年問題」を挙げていた。１つは、団塊世代の大量定年退職が２００７年以降にやってくる事。そして、もう１つは２００７年４月から運用が開始される年金分割制度である。

団塊世代の大量定年が何故、熟年離婚の増加につながるのか？　それは６００万人とも７００万人とも言われる団塊世代の人の妻たちが夫の定年退職と共に自分たちも〝定年〟したいと考えているからだと言う。

妻たちはこれまで夫や子供の事を思い、一生懸命家庭を守り、家族に尽くしてきた。子供たちは一人前になり、やっと育児から解放された。そう思った矢先に今度は定年退職した夫の世話である。定年後、毎日家に居る夫はゴロゴロするばかり。昼になると「めし！」、夜になるとまた「晩めしはまだか？」。やっと家事から解放されると思っていた妻たちのストレスは溜まる一方で、夫の世話はうんざりだ。「私の人生はこれで良かったのかしらと思い、残りの人生は〝自由〟に生きてみたい！」と考えていた妻たちは夫の定年退職を機に、突然離婚を申し出るケースが増加すると言うのである。

もう1つの「2007年問題」である年金分割制度は、専業主婦が離婚した場合に、婚姻期間中に夫が支払った厚生年金保険の最大2分の1を場合によっては貰う事ができるというものだ。その運用開始を心待ちにしている離婚予備軍の妻たちが多く存在すると言うのである。

離婚予備軍がいるとの話は、夫たちにとっていささかショッキングである。しかし、それを裏付けるデータもある。増加し続けてきた離婚件数がここ数年減少傾向にあるのだが、それは年金分割制度の施行を待っている妻たちが、その時期を窺っている結果だと言うのである。厚生労働省の人口動態統計を見ると、確かに離婚件数は平成14年の約29万件をピークに、平成17年には約26万件まで減少してきている。この2つの「2007年問題」がいよいよ間近となり、熟年離婚を取り上げるマスメディアが多くなってきた。

私も川柳で『熟年は近ごろ離婚の適齢期』と詠んだが、笑い話では済まされないようだ。ただ、せっかく長年夫婦をやってきたのである。人生の第四楽章も一緒にゆったりと過ごしたいと思うのは当然だろう。しかし、離婚が避け難い状態に追い込まれる熟年夫婦が、今後増加する事が予想される。妻から突然、三行半を突き付けられたらその時、あなたなら一体どうするだろう。感慨深い定年退職のその日に離婚を切り出されたら—。

離婚を避ける努力をするにせよ、不本意ながら離婚紛争に直面する結果になったにせよ、まずは離婚とはどういうものであるかを知る事が大切だろう。本書は、熟年離婚に直面したある1組の夫婦の物語を中心に、年金分割の絡んだ離婚調停を書いた。フィクションではあるが、調停委員を長く務めた筆者が、家庭裁判所で展開される離婚調停を中心に調停委員の視点で熟年離婚に迫ってみた。

熟年離婚を心配する男性のために書いたのだが、女性にとっても充分に役立つ内容となっていると思うので、男女を問わず読んでいただきたい。

あなたの奥さん、大丈夫?………目次

熟年離婚危険度

熟年夫婦間の健康診断

あなたの熟年離婚危険度をチェックしてみましょう！

熟年離婚 男性版 危険度チェックシート

チェック方法 イエスの場合はA、ややイエスの場合はB、ノーの場合にはCに☑を入れてください。

		A	B	C
❶	朝、妻に「おはよう」と言わない	□	□	□
❷	妻との会話がほとんど無いに等しい	□	□	□
❸	妻が口うるさくて、閉口することがある	□	□	□
❹	妻と居ると気詰まりに感じる	□	□	□
❺	家に居る時は、何もせずゴロゴロしていることが多い	□	□	□
❻	家ではパジャマなどで1日中過ごすことが多い	□	□	□
❼	自分は趣味も無く、友達も少ない	□	□	□
❽	家事は妻の役目なので、手伝う気は全く無い	□	□	□
❾	子育ては妻の役目なので、全て任せてきた	□	□	□
❿	家計は妻に任せていて、貯金がどの位あるのか知らない	□	□	□
⓫	妻というのはずっと家に居て、夫の世話するものだ	□	□	□
⓬	妻が病気になるのは迷惑で、看病などしたくない	□	□	□

⑬ 妻は自分とではなく、友人と旅行に行くことが多い	□	□	□
⑭ 妻とケンカすると、いつまでも冷戦状態が続く	□	□	□
⑮ 妻の身内とは付き合いたくない	□	□	□
⑯ 妻のすることが、いちいち気に入らない	□	□	□
⑰ 妻の料理や服装を誉めたことが無い	□	□	□
⑱ 妻の不機嫌な理由が分からない	□	□	□
⑲ ＳＥＸは自分がしたい時に、自分のしたい方法でする	□	□	□
⑳ 酒を飲んで、妻に当たることがある	□	□	□
㉑ 妻に暴力を振るったことがある	□	□	□
㉒ 妻に浮気がばれたことがある	□	□	□
㉓ 妻は社会常識や世の中のことを良く知らないと思う	□	□	□
㉔ 妻は何を考えているのか、時々疑問に思う	□	□	□
㉕ 妻に対して魅力を感じなくなった	□	□	□

A　　個＋B　　個

Aは２ポイント、Bは１ポイント、Cは０ポイント
25項目のポイントを足して合計ポイントを出します。

合計　　　ポイント

合計15ポイント以上
レッドゾーン
熟年離婚の危険性あり

合計6〜14ポイント
イエローゾーン
やや熟年離婚の危険性あり

合計5ポイント以下
ブルーゾーン
熟年離婚の危険性なし

熟年離婚 女性版 危険度チェックシート

チェック方法 イエスの場合はA、ややイエスの場合はB、ノーの場合にはCに☑を入れてください。

		A	B	C
1	朝、夫に「おはよう」と言わない	□	□	□
2	夫との会話はほとんど無いに等しい	□	□	□
3	夫は口うるさく、何にでも口を出してくる	□	□	□
4	夫とはなるべく顔を合わせたくない	□	□	□
5	夫は家で何もせず、いつもゴロゴロしている	□	□	□
6	夫の前では化粧などせず、身なりも気を付けない	□	□	□
7	夫は無趣味で、友達もいないようだ	□	□	□
8	夫の衣類を本当は洗濯したくない	□	□	□
9	夫は子育てを手伝ってくれなかった	□	□	□
10	夫には言えない“へそくり”が、けっこうある	□	□	□
11	夫は私が外出すると不機嫌になる	□	□	□
12	私が病気になっても、夫は看病してくれない	□	□	□

		A	B	C
⑬	夫とは旅行をしたくない	□	□	□
⑭	夫とケンカすると、いつまでも冷戦状態が続く	□	□	□
⑮	夫は私の趣味に関心が無い	□	□	□
⑯	夫が家に居ると目障りに思う	□	□	□
⑰	夫は私の料理を「おいしい」と言ってくれない	□	□	□
⑱	夫に対して意味も無く腹の立つ時がある	□	□	□
⑲	夫とのＳＥＸは楽しくない	□	□	□
⑳	夫は酒を飲むと愚痴っぽい	□	□	□
㉑	夫から暴力を振るわれたことがある	□	□	□
㉒	夫は浮気をしたことがある	□	□	□
㉓	夫はいつも私を見下しているように感じる	□	□	□
㉔	夫が何を考えているのか、時々疑問に思う	□	□	□
㉕	夫に対して魅力を感じなくなった	□	□	□

A　　個＋B　　個

Aは 2ポイント、Bは 1ポイント、Cは 0ポイント
25項目のポイントを足して合計ポイントを出します。

合計　　　ポイント

合計 15 ポイント以上
レッドゾーン ×
熟年離婚の危険性あり

合計 6〜14 ポイント
イエローゾーン △
やや熟年離婚の危険性あり

合計 5 ポイント以下
ブルーゾーン ○
熟年離婚の危険性なし

第1章

小川夫婦に見る家事調停の実際

初回調停の日を迎えた妻

「これではいけない、少ししゃきっとしなければ」

小川良子は自分に言い聞かせるように浴室に行き、急いでシャワーを浴びて髪を洗った。今日は長年連れ添った夫、史朗との第1回目の調停が家庭裁判所で開かれる日だ。夕べは調停の事をあれこれと考えて、余りよく眠る事ができなかった。起きた時は頭の中がボーッとしていたが、シャワーを浴びた事で気持ちが幾らかしゃきっとしてきた。浴室を出ていつもよりちょっと控え目に、しかし丁寧に化粧を済ませた。

今年で54歳になり、夫は6歳年上の60歳。離婚を申し出たのは自分の方だった。もちろん、離婚話をして直ぐにこの日を迎えたわけではない。離婚を切り出してからふたりは何回か話し合いをしたが、お互いの気持ちはいつもすれ違いの繰り返し。挙句は互いに感情的になって攻撃し合うような結果になる事もしばしばだった。

何と言っても、基本の部分でふたりは噛み合わない。良子の中では離婚という気持ちが日増しに強まるのに対して、史朗の方は離婚したくない気持ちが根底にある。結局、ふたりの主張は平行線をたどってしまうのだった。

史朗は未だに良子が離婚を決意するに至った気持ちを理解できずにいる。そのため、頑なに離婚を主張する妻の姿勢に苛立つばかりだった。お互いが冷静になるために、共通の友人を交えて話し合った事もあったが、結果はやはり同じだった。良子はこれでは埒があかないと思い、身内や友人の意見も聴いた上で、家庭裁判所に調停の申し立てをする事にした。

意を決して初めて家庭裁判所を訪れたのは2か月ほど前で、その時はさすがに緊張した。正面玄関を入ってすぐのところに相談窓口があり、思ったよりもずいぶん親切に相談に乗ってもらっているうちに、緊張も次第に和らいでいったのを覚えている。そこで《申立書》の書き方も教えてもらった。

窓口での説明は、関係の修復を望んでいる場合は「円満調整」を、離婚を望む場合は「離婚とそれに伴う条件」などを《申立書》に記入するのだと言う。迷わず後者の方を記入し申立書を提出した。調停期日の呼び出し通知が送達されてきたのは、その《申立書》を提出してから1か月ほど経ってからだった。

裁判所の通知によると、この調停は『夫婦関係調整事件』というらしい。良子はこの通知を受け取った時に少し違和感を覚えた。離婚を扱うのだから『離婚調停事件』とでもいうのかと思っていたので、この事件名を聞いた時にはちょっと戸惑った。裁判所の書記官にその事を尋ねると、離婚を巡る夫婦間の紛争の解決手段としては《関係修復》、つまり仲直りしてもう一度やり直そうというものから、《離婚》まで色々あるので、一概に『離婚調停事件』という事にはならないらしい。

離婚を申し出た後も史朗との生活を続けていた。これまでと同じように食事も作ったし、洗濯などの家事もやった。ただ、それまでも少なかった史朗との会話は一段と少なくなり、今では必要最小限の事務的な会話をするに留まっていた。ふたりの関係は家庭内別居に限りなく近付いていたと言えるが、調停初日を迎えたこの時点ではまだ同居していた。

身支度を整えている間、史朗は自分の部屋に引きこもって出て来なかった。食べるかどうか分からない史朗の朝食も作り、食卓に置いて早めに家を出た。指定された時間は、午前9時30分だったが、その30分以上も前に裁判所に着いた。裁判所の案内板を頼りに受付に行き、おずおずと裁判所から届いた《呼出状》を差し出した。

受付の女性が教えてくれた申立人控室へと向かうと、控室には既に何人かの先客が長椅子に座っていた。そのほとんどが女性だった。入って来た良子には目もくれず、誰もが目をつぶり、頭を垂れて物思いにふけっているようだった。控室の空気は何とも言えず重たかった。長椅子の端にそっと腰を下ろし、これから始まる調停に思いを馳せた。他の人たちと同じように静かに自分の名前が呼ばれるのを待つ間に、ますます気持ちが昂ぶってきたのが分かった。

重たい気分の夫

初回調停期日の朝を迎えたが、史朗の気持ちは当然の事ながら穏やかではなかった。

（なんでこんな事になってしまったのだろう……、何も調停にまでしなくても）

それが偽らざる気持ちだった。これまでの話し合いで、良子の離婚の意思は固く揺るがないものである事は分かった。初めは話し合えば離婚を回避できるのではないかと思っていた。が、調停期日の朝を迎え、如何にその考えが甘いものであったかを改めて噛み締めていた。

良子の突然の離婚申し出に大きな衝撃を受けたが、それにも増してショックだったのは、既に成人して家を出ていた2人の子供たちが母親に同情的で、自分の立場には全く理解を示してくれなかった事だ。ここまでくると離婚は仕方が無いのかなという、諦めのような気持ちもだんだん強まっていた。だが話し合いになると、せっかくこの歳になるまで一緒にやってきて、何を今さらという気持ちが頭をもたげ、ついつい感情的に言い争ってしまう。定年になったら夫婦共通の趣味でも持って、たまには一緒に旅行でもしようなどと、そんな事を考えていた。

（それほど上手くはないが、碁が好きだから良子にも覚えてもらって、ふたりで碁盤を囲むようになれれば良いいな）

そんなささやかな夢も消し飛んでしまった。

調停とはどんな事をするのだろうか。テレビドラマでよく見るような刑事裁判のように裁判官がいて、自分は被告席みたいなところに座らされ、裁判官や調停委員からあれこれ問い質されるのだろうか。家庭裁判所は女性の味方だというような事を聞いた事があるような気もする。やはり自分は悪者にされてしまうのだろうか。何にしても、調停なんかに呼び出されるのはきわめて気の重い事で、不愉快で仕方が無かった。仕事を理由に欠席しようかと思ったが、裁判に出頭しないと相手の主張が全面的に認められてしまうらしい事も聞いた事があるので、調停でも欠席はまずいだろうと考え出頭する事にした。

良子が家庭裁判所に調停の申し立てをしたと聞いた時、自分もそれなりに関係書物などに目を通した。それによると離婚には《協議離婚》、《調停離婚》、《裁判離婚（離婚訴訟）》の3つの形があるという。稀に審判による離婚というのもあるがようだが、これは特殊な場合だという事だった。自分がこれから臨むのはどうやら《調停離婚》と言われるもののようだ。

離婚調停では離婚に同意するか否かを始め、〈子供の親権者を誰にするか〉（当事者間に未成年者がいる場合）、〈養育費をどうするか〉（金額、期間、支払い方法など）、〈財産分与、慰謝料などの金銭問題〉、そして〈親権者になれなかった方の親に子供を会わせる方法〉（面接交渉）などを決めるという。

子供たちは既に成人しているので、子供の親権者を誰にするとか、養育費をどうするかなどは自分たちの調停の場合、話し合いの争点にならないだろうとの事は想像が付いた。我々夫婦の場合は、財産分与や慰謝料が大きな争点となるのだろうか。果たしてそれらがどの程度の金額になるのか全く予想も付かなかった。

それよりも離婚に同意するかどうか、この時点でもまだ迷っていた。本音を言えば、できるだけ離婚を回避したいと思っていた。そんな事をあれこれ考え、これから始まる調停の事を想像していると一層気分が重たくなってきた。良子が食卓に用意してくれていた朝食の味はほとんど分からなかった。

【解説1】裁判よりは調停離婚

小川夫婦のケースである家庭裁判所に申し立てをした離婚の調停は、「夫婦関係調整事件」と言う。つまり、夫婦間の紛争を解決する道としては、一方の端に〈離婚〉があり、他方の端には〈関係修復〉があるからだ。離婚するのか、元の鞘に収まるかのいずれかがあり、離婚だけが解決の道ではない。そのため、夫婦の関係を調整するという事になるわけだ。実際にはこの中間に当たるものとして、しばらく別居状態で様子を見る場合もある。この場合は夫婦関係を解消するわけではないので、「婚姻費用分担（妻の生活費）」の問題が発生する。

離婚調停では、『子供の親権者』『養育費』『財産分与や慰謝料』などを決める事になる。若い夫婦では、子供の親権や面接交渉を巡って激しく対立する事が多い。また、最近は住宅ローンを抱えている家庭が多い。住宅の処分額がローン残高を下回ってしまう事が多いので、ローンの返済を含む住宅処理が解決の妨げになる事もある。

最初は激しく対立している夫婦も、回数を重ねる事によって次第に冷静かつ現実的になるため、調停委員の説得に耳を傾け、合意に至る場合が多い。しかし、熟年離婚の場合は夫婦であった期間が長いだけに、自分たちの主張に固執する事も多く、感情的対立も簡単には解消されないので、調停は難航する事がしばしばある。

調停が不成立になった場合は、しばらく冷却期間を置くか、どうしても離婚したい場合は裁判という事になる。これまで離婚訴訟の管轄は〈地方裁判所〉であったが、現在は〈家庭裁判所〉で行なわれている。したがって、調停も裁判も同じ〈家庭裁判所〉で行なわれるので、裁判官は変わるかも知れないが、原則として結論自体が調停と全く違うものにはならない。そうなると、むしろ弾力的に条件を決めやすい調停で解決した方がベターだろう。

裁判となった場合は、調停よりも専門的で法律的になるため、弁護士に依頼するのが一般的だ。費用や時間も掛かり、非公開の調停と違って公開となるため、色々デメリットも多いといえる。このため、できる事なら調停で解決した方が良い。

【解説2】審判による離婚はごく少ない

〈調停による離婚〉と〈裁判による離婚〉の他に、「審判による離婚」というのがある。これは調停が成立しない場合、それまでの手続きを無駄にしないように裁判所が職権で離婚を宣言するものだ。それは次のような場合である。

①離婚の合意が成立しているのに、当事者の一方が遠隔地に住んでいたり、病気などで調停期日に出席しないために、調停を成立させる事ができないような場合
②夫婦関係が完全に破綻しているのに、当事者の一方が頑固で合意が成立しないような場合
③主要な点については合意がほぼ成立しているのに、付随的な点で合意が成立しないような場合

④調停で合意がほぼ成立したのに、当時者の一方が前言を翻したり、所在不明になって期日に出席しない場合

しかし、この審判による決定は2週間以内に異議を申し立てる事によって失効する事もあって、実際に審判で離婚を決める例は極めて少ない。

アドバイス① 裁判所にはできるだけ出頭を

史朗のように裁判所に行く事をためらい、欠席しようかと思う人は意外に多い。この小川夫婦のように申立人が調停を申し立てられた側（相手方）に事前に話を通してくれれば良いが、通常は事前に相談などは無いから、いきなり裁判所に呼び出される感じになる。そのため、驚いたり、腹を立てたりするからだ。

呼出状が突然届いて驚いたり、腹を幾ら立てようが、調停期日には裁判所に行き、自分の思うところをきちんと述べるべきである。ただ、仕事の都合でどうしても裁判所に行けない時は事前に裁判所に出頭できない理由を言って欠席とし、次回に出頭できる日を書記官に連絡しておくと良い。

たまに腹立ち紛れに連絡もせずに期日出席をすっぽかす人もいるが、これは絶対に避けるべきである。理由も無く出頭しないと「出頭勧告」が出されるし、場合によっては罰則（5万円以下の過料）もあるので注意を要する。

もっとも、罰則が適用される事は稀である。むしろ不出頭を2、3回続けると出頭の意思無しとして調停は不成立で終り、申立人が訴訟を望めば不本意でも『離婚裁判』になってしまう。そういう事態を避けるためにも調停には前向きに対応すべきである。

アドバイス②　できれば協議離婚を

「協議離婚」は当事者同士が話し合って決めるもので、話し合いが付いた場合は離婚届に双方が捺印して区役所などに届ける事によって離婚が成立する。

「協議離婚」では当人同士の話し合いに、双方の親や兄弟、友人などを交えて話し合う場合も多い。しかし、親兄弟を入れると話し合いの当事者が増えるために、かえって複雑になって混乱する場合もある。親類縁者を話し合いの中に入れる事は必ずしも得策とは言えないだろう。「協議離婚」は当事者間の話し合いの合意が基本だから、離婚形態としてはもっとも穏便で望ましい形であるが、問題点が無いわけではない。第一に条件などが充分に話し合われず、後日条件を巡って紛争になる事が少なくない。

例えば離婚を急ぐ余り、離婚と子供の親権者だけを決めて離婚し、後日養育費を巡って紛争になったり、財産分与や慰謝料を巡る紛争が再燃したりする事があるからだ。『こんな事なら最初から調停をして、きっちり条件を決めておけば良かった』と後悔する場合もある。離婚成立前であれば、早期解決のために条件についても相互に譲歩し合う事が考えられるが、離婚が既に成立しているだけに紛争の解決が難航する場合が多い。

第2に、決めた条件の不履行の問題がある。「協議離婚」の場合、離婚に伴う条件を決めても単なる口約束である場合が多い。仮に書面に残したとしても、口約束よりはましな程度で、何ら強制力を伴うものではない。したがって不履行の場合、改めて調停を起こして条件について話し合う必要があり、結局二度手間になって時間のロスをもたらす。

こうした事態を防止するために、稀に公正証書を用いて条件を定める例もあるが、子供との面接交渉などは公正証書に馴染まないし、公証人役場そのもの自体が普通の人にはなかなか行き難いところである。だから、きちんとした取り決めをしたい場合は、調停などの手続きに依った方がベターである。

熟年離婚では妻側は確信的であるのに対し、夫側は晴天の霹靂だ。そのため、当事者同士の話し合いでは容易に合意に達しない場合も多い。話し合いの過程で双方が感情的になってしまい、また条件面（財産分与、慰謝料など）を巡って紛糾する場合も多いので、協議離婚を成立させる事はかなり困難を伴うと思われる。

突然、離婚宣言された夫

史朗は、指定された時間よりも10分ほど早く裁判所に到着した。中立人である良子の姿はそこには無い。中立人と相手方の控室は別々になっていた。

待っている間、離婚を切り出された夜の事を思い出していた。その日の事は今でもはっきりと覚えている。それは本当に突然の事だった。いつもと変わらぬ夕食後のひと時の事である。

1か月ほど前に長年務めた食品メーカーを定年退職していた。定年後すぐに友人の経営している小さな建設会社の顧問として勤務していたが、それも週に一度ほど顔を出す以外は、これといってする事もない気楽な身分だった。

来週までは友人の会社に顔を出す予定も無いので、今晩はじっくり野球中継を楽しもうとテレビの前のソファーに陣取っていた時である。夕食時に飲んだ1杯のビールで幾らか頬を赤らめていただろう自分の側に、野球には全く興味の無い良子が寄って来た。

(一緒に野球を見ようと言うのだろうか？　珍しい事もあるものだ)

そう思った時、いつになく真面目な顔をした良子が発した言葉に耳を疑った。

「あなた……、前から考えてたんですけど、あなたと離婚したいと思います」

言われた事がよく理解できずに、呆気にとられてしばし良子の顔を見つめていた。

「冗談も休み休み言えよ。びっくりするじゃないか?!　疲れているんなら先に休んで良いよ」

しかし、良子の顔は至って真面目だった。いや、真面目以上に真剣な表情をしていた。

「いいえ、冗談でもないし、疲れてもいません。本当に離婚しようと思っているんです。あなたも定年を迎えた事ですし、この辺でふたりの結婚生活を終わりにしたいと思っています」

背筋に一瞬冷たいものが走った。額に脂汗が滲んできた。

（熟年離婚、熟年離婚、熟年離婚……）

他人事と思っていた言葉が頭の中でグルグル回る。

「まっ、ちょ、ちょっと待て！　一体どういう事なんだ?!　落ち着いて話そうじゃないか！」

落ち着いていないのは自分だった。良子は若干緊張しているらしく、赤い顔をしていたがとても冷静に見えた。

「お前は何を言っているのか、自分で分かっているのか?!　急に馬鹿な事を言い出すんじゃないよ！　理由を……、理由を言ってみろ！」

「理由は今も言ったように、私も定年したいんです。あえてもっと理由を言えというのなら言いますけど……、あなた、忘れたわけじゃないでしょうね？　平成3年6月、行き付けのスナックのママと浮気をした事がありましたよね。浮気は法律的には不貞と言うらしいですけど……、不貞は立派な離婚理由なんですよ。まさか忘れたなんて言うんじゃないでしょうね？」

　良子の言葉が心臓を直撃した。心臓の鼓動がさらに高まった。

「なんだって?!　そんな古い話を今さら……、今ごろ何を言い出すんだ……。それはちゃんと謝って、お前だって了解したじゃないか」

「いいえ、了解なんかしていません。あの時は子供たちがまだ高校生だったから我慢しただけです。本当は直ぐにでも離婚して、あの女からも慰謝料を取ってやりたかった位なんですから！　その時に、子供たちが一人前になったら離婚しようと私は決めていたんです！」

「そんな事言ったって、もうずっと前の事だし……、もう解決済みだろう。俺だってちゃんと反省して、定年まで頑張ったんだし。昨日も、今まで苦労掛けたお前と海外旅行でもしようかなと考えていたんだ。そんな昔の事を急に引っ張り出されてもだね……、俺だって、その……、困るよ。子供たちだってきっと困ると思うし……」

　もう、楽しみにしていた野球中継どころではない。しどろもどろで良子の説得に掛かったが、自分でも何を言っているのか訳が分からないほど混乱していた。気が付くと額にはびっしょり汗をかいていた。動悸も激しい。だが、そんな自分の様子を見ても、良子は全く動揺のそぶりも見せなかった。

「私の決心は固いです。理由はその他にもまだまだ沢山あります。あなたはいつも仕事を理由にして、夜は飲み会、休日はゴルフに明け暮れていましたよね？　子供たちの育児や教育も全部私に押し付けて、ろくに相談も聞いてくれなかった。吾朗の登校拒否で私が心療内科に掛かるまで追い詰められている時に、あなたは浮気をしていたんですからね！　言っておきますけど、子供たちは私の気持ちを理解してくれていますので、子供たちの事なら心配要りません」

速射砲のように言葉を浴びせ掛ける良子の口元を呆然として見つめるだけだった。

「財産はきっちり半分を頂きます。本来なら慰謝料も頂きたいところですが、それはあなたの出方次第です。退職金とこれからの年金の半分を頂ければ、今のところそこまでは要求しないつもりです。まあ、あなたも突然言われてびっくりなさったかも知れませんから、ゆっくり考えてみてください。私の決意は変わりませんけど」

良子は言う事だけ言うと、さっと席を立って寝室に入ってしまった。史朗のいびきがうるさいという理由で、かなり前からふたりの寝室は別々になっていた。ひとり残された史朗は、茫然自失の体でしばらく座り込んだままだった。

（えらい事になった……。熟年離婚というのをよく酒の肴にして会社の仲間と笑っていたが、まさか自分の身の上にそれが降り掛かってくるとは。それにしても浮気の問題はとうに解決

済みだとばかり思っていたのに、女というのは何て執念深いんだ）
混乱する頭で、とりとめもなく考えているうちに、だんだん腹が立ってきた。
（一体誰のおかげで今まで飯が食えたと思っているんだ！　そっちがそうなら、俺だって闘ってやるぞ！　絶対に離婚なんて応じてやるものか。退職金と年金を半分寄越せだと?!　ふざけるのもいい加減にしろ！）
そう思う反面、史朗は腹の底から湧いてくる言いようのない不安を抑えるすべも無かった。今まではその辺に幾らでもいるごく平凡な専業主婦のひとりだと思っていた自分の妻に、一体何が起きたのかと考えずにはいられなかった。

周章狼狽する夫

『私の決意は固いです』と言っていたように、良子の意思は極めて強固のようだった。とっくに納得してくれていると思っていた昔の浮気話を切り出しただけでなく、『子供たちの事なら心配要りませんからね』と言っていた。その言葉から推測するに、良子は長年掛けて離婚の事を考えてきたようだった。

一時的な気まぐれで離婚を口にしたのでは無い事に、史朗は今になってやっと気付いた。あの口振りでは、子供たちを味方に付けてから離婚宣言したようだ。それにしてもと思う。これまで離婚の〝り〟の字も口にした事が無い良子が一体何故だろう？

熟年離婚の事は同僚との飲み会の席で話題になった事があった。しかし、まさかその当事者に自分がなるとは全く想像もしていなかった。同僚の話では、ある日突然妻から申し出された離婚の意思表示に対して、ほとんどの夫が最初は冗談だと思って取り合わないのが普通だと言っていた。冗談だと思うのは当たり前かも知れない。自分も思わず『冗談も休み休み言え』と口走っていた。今夜の自分は同僚から聞いた話と全く同じだった。

良子と話しをしていて、その考えが本気だという事が徐々に分かってくると、ただただ周章狼狽し、良子の理不尽な申し出に異を唱えるだけの自分がいた。理不尽だという思いから、つい『馬鹿な事を言い出すんじゃない』と叱り付けるような事を言ってしまったが、良子は長い年月に亘ってお腹の中でじっくりと温めてきたのは明らかだった。その決意は話された言葉、態度を見れば極めて強固なのが分かったし、理路整然としていて最後には離婚条件までも並べ立てたのだ。相当前から離婚を考えていたと感じられた。

自分の頭には離婚などという気持ちは元より無い。それどころか、長年勤務した会社を退職したので、長年苦労を掛けた良子と海外旅行でもしようかと考えていたほどだった。それがこれまでの長い間、家事と子育てをしてくれた妻に対する愛情の示し方のひとつではないかと思っていた。

しかし、良子と自分の考えではかなりの差があるようだ。同僚と話した時の、熟年夫婦になると男女の愛情に対する考え方が全く違ってくるというのを思い出した。夫の妻に対する愛情は、夫婦の年数を重ねても余り変化が無いという。ところが妻の夫に対する愛情は年数と共にだんだん低下していくというのだ。夫にとっては由々しき問題だが、これを知らない夫は妻も自分と同じように変わらぬ愛情を抱いてくれていると思い込んでいる一方で、妻は夫と旅行に行く位なら、友人と行った方がよっぽど楽しいと考えている方が多いというのだ。

旅行に一緒に行くどころか、良子はもう自分と一緒にさえ居たくないと思っている。予告も無しに、しかもその前兆すら見せずに、突然離婚を口にした妻に怒りを覚えた。しかし、怒りを口にするばかりで、うろたえ慌てる自分の姿があるだけだった。

裁判所の控室で離婚を持ち出された夜の事を思い出し、今でも釈然としない気持ちで窓の外に目をやった。出掛ける時に降っていた雨は一段と激しさを増していた。

アドバイス　無防備な夫を襲う熟年離婚

小川夫婦のような熟年離婚の場合は、ある日突然妻が口にする事が多い。それを聞いて夫はうろたえ慌てる事になるわけだが、妻からすればそれは長い年月を費やし、醸成されてきたものである場合が多い。

例えば、あなたがサラリーマンなら一度ならず〝会社を辞めたい〟と思った事がある筈だ。上司や得意先とトラブったり、大きな失敗をして出世の芽を絶たれたり、或いはやりがいの無い部署に配置されたりと理由は様々だろうが、「もう辞めたい」「転職しようか」と考えた事があると思う。でも何故かいつしかそんな気持ちは消え失せ、結局定年を迎える人が圧倒的に多いのが現実だ。

だが多くの女性は、男性が〝会社を辞めたい〟と思うのと同じ位の頻度で〝離婚したい〟と考える事があると言われているのだ。もちろん男性が会社を辞めないのと同じように、女性の〝離婚したい〟という気持ちが簡単に実現するわけではない。ただ女性は口には出さなくとも、しばしば頭では離婚を考えているという事を覚えておいた方が良い。

若い世代の離婚では、何らかのきっかけがあって、妻が〝離婚したい〟と思う。普通の場合はこれが時間の経過と共に立ち消えになるのだが、熟年妻のケースでは逆にその思いはだんだんと強いものになり、「離婚しよう」という思いが長い時間を掛けて高まっていくのだ。

しかし、経済問題などの何らかの障害があって、それは直ぐには実現しない。その代わりに時間を掛けて熟成していく事になる。そして、やがて「離婚しよう」という気持ちは「絶対に離婚しよう」にまで高まり、より強固なものになっていくのだ。

表面的には普段と変わらないように見えるので、仕事に追われている夫は全く気が付かない。鈍感な夫の傍らで着々と準備を進める妻。史朗のように妻の本心に気付かずに運命の日を迎えるのである。

友人を交えた話し合い

良子が離婚を申し出た後も、ふたりは何度も話し合いの場を持った。しかし、ふたりだけの話し合いでは双方とも直ぐに感情的になってしまい、冷静に話し合いを進める事が難しかったので、第三者を立てる事にした。

依頼したのは兼ねてから親しくしている北口夫妻である。北口宏は史朗の大学時代の友人で社会人になってからも付き合いを続け、互いの結婚式にも出席した仲だ。北口の妻の香織を含め家族ぐるみの付き合いがあった。このため、北口夫妻に事情を話し、話し合いに立ち会ってもらえないかと頼んだ。

　離婚の話を聞いた北口夫妻はとても驚いた様子だったが、自分たちが立ち会う事で話し合いが円滑に進むならと同意してくれた。北口夫妻が小川家に来て話し合う事になり、話し合いに先立って北口がちょっと緊張した口調で言った。

「おふたりの依頼で我々夫婦が話し合いに立ち会う事になりましたが、ここは冷静になって、今後どうする事がお互いにとって一番良いのかをよく考えて欲しいと思います。我々夫婦としては、良子さんにもう一度考え直してもらって、史朗君とやり直す事ができないかを考えてくれると良いと思っています」

　普段の北口とは違って、若干切り口上だった。それは事の性質上、止むを得ないだろう。北口が続けた。

「ただ、私どもはご夫婦のどちらの味方でもありません。中立の立場で立ち会わせていただきたいと考えています。それでよろしいですね？」

　北口の話に良子も異存は無い様子だ。最初は互いに気まずく黙り込んでいたふたりだったが、北口に促されて史朗が口を開いた。

「なあ良子、これまで何度も言ってきた事だが、北口君も言ったように何とかもう一度考え直すつもりはないか？　俺としても反省するところは反省して、直すべきところは直したいと思っている。ひとりで幾ら考えても、いまさら離婚という気にはどうしてもなれないんだよ」

　良子はうつむいて黙って聞いていた。しばらく沈黙が続いたが、やがて顔を上げて答えた。

「北口さんも香織さんもお忙しい中を私たちのために、時間を割いていただいて本当にすみません。今の小川の言葉ですが、私だって何回も自分に問い掛けてみました。本当に良いのかって。でも、答えは変わらないんです。私はもう小川とやっていく気にはどうしてもなれないんです」

「そりゃあ……、俺だって色々至らない点はあったと思うよ。何も無いとは言わない。若気の至りで間違いを犯した事もある。確かに育児なんかも、ほとんどお前に任せきりだった。だが俺だって、お前や子供たちのために必死になって会社で頑張ってきたんだ。俺ひとりなら、どうって事はないんだ。でも家族のためには給料も少しでも上げよう、出世もしようと努力してきたんじゃないか。日曜や祭日もゴルフへ行ったさ。夜も宴会で遅くなったさ。そうしなければ給料も地位も上がっていけなかったんだよ」

「本当に家族のためだけだったんですか？　あなた自身だって、自分のために上の地位に就きたいという気持ちもあった筈です。ゴルフや夜の宴会だって、自分で楽しみたい部分も絶対にあった筈です。人聞きの良い事ばかり言わないでください」

「何を言い出すんだ！　言って良い事と、悪い事があるんだぞ！　人聞きの良い事ばかりとは何だ?!　今の発言は取り消せ！」

　慌てて北口が割って入ってきた。

「まあ、まあ、ふたりとも感情的になるなって言ったでしょう。良子さん、小川の努力も少しは認めてやってくださいよ。小川も……、冷静になれよ」

　良子が軽く頭を下げ言った。

「北口さん、すみません。長い間に積み重なってきたものがあるので、つい気持ちが昂ぶってしまって。そりゃあ、小川が会社で頑張ってきた事を全部否定する気はありません。確かに一生懸命頑張ってくれて、私や子供たちも人並み以上の暮らしをしてくる事ができました。その事には感謝しています。でも、小川は長い夫婦生活の中で、いつも自分中心に物事を考えていて、私や子供たちの立場で考えてくれる事が無かったんです。私たちや子供たちが辛い状態で、すごく助けが必要だった時に小川は全く話を聞いてくれませんでした」

　良子は一気に話し、さらに続けた。北口夫妻も黙って聞いていた。

「そんな時に私を助けるどころか、小川は浮気をしていたんです！　少しでも私や子供たちの立場を考えてくれたら、そんな事は絶対にできなかった筈です。それに若い時、あんなに輝いていた小川ですが、年と共にその輝きはどんどん失われていきました。今ではその辺のどこにでもいる、ただの冴えないおじさんです。私はこれまで耐えてきた色々な事を考えると、これからの人生、もうこの人と一緒に過ごしたくないんです」

「どうしてお前は分かってくれないんだ……。そりゃあ俺だって今は冴えないおじさんかも知れないよ。でもそれは俺を見るお前の目がだんだんと冷たくなってきたからじゃないのか？ 今はお互いに助け合って、本当に夫婦としてやっていく時期じゃないのか？ お前みたいに最初に離婚ありきじゃどうしようもないよ！ まったく……」

史朗の言葉が荒くなってきていた。それを聞いた良子も感情が抑えられないようだった。

「いいえ、何も最初に離婚ありきじゃありませんよ！ 何もこの年になって好き好んで離婚を言い出したわけではありません！ 離婚すれば生活だって大変になるし、ひとりの生活がそう甘いものだとは思っていません。そういう事を含めて色々考えた末の結論なんです！ 正直言って、もうあなたと一緒に暮らしていくのが嫌になったんです！」

「しかしお前は俺の退職金や年金まで寄越せと言っているじゃないか！ 結局俺の財産狙いじゃないのか?!」

「何を言ってるんですか！ 私は当然の権利を主張してるまでですよ。それに〝俺の退職金〟とはどういう事ですか?! あれは、ふたりの退職金でしょう！」

ふたりの主張はだんだん激しさを増し、北口が困り果てたように言った。

「どうもおふたりの話を聞いていると、とても我々の手には負えませんね。これはやはり家庭裁判所に行って、専門の調停委員に調整してもらってはどうでしょう」

北口は、ふたりの顔をそれぞれ見ながら結論付けるようにそう言った。

アドバイス　第三者を誰にするのが良いか？

離婚問題が起きた時に、小川夫婦のように第三者を入れて話し合うケースは多い。離婚話が持ち上がり、いきなり調停に持ち込む事は余り無いと思う。通常は「まず話し合おうじゃないか」という事になるだろう。なお、いきなり離婚の〝裁判〟になる事は絶対に無い。離婚に関しては、「調停前置主義」が取られており、まず調停をして駄目なら裁判という事になっているからだ。

さてその話し合いだが、小川夫婦のケースを見ても分かる通り、ふたりだけの話し合いだと感情が入るため、なかなかスムーズには進まないものである。今日こそは冷静に話し合おうと思っていても、話し合いが始まると互いに感情的になり、言い合いになってしまう事が多い。

そこで第三者を入れようという事になるのだが、その第三者を誰にするかとなると、やはり第一には親兄弟を交えてというのが自然な成り行きであろう。ところがこれも意外に上手くいかないものなのだ。立ち会った親兄弟は、どうしても自分の身内の味方になってしまう事が多いからである。

本来立ち会ってもらうのは、冷静な第三者の視点で問題を見て、客観的な判断、アドバイスを貰おうという事なのだが、立ち会った親兄弟までもが紛争に巻き込まれて、一緒になって感情的になり、興奮してしまう事も少なくない。こうなると紛争が上手く収まるどころか、逆にエスカレートしてしまう事にもなりかねないのである。極端な場合、本人たちがこの辺で手を打とうと思っても、周囲の応援団が納得しないために話し合いが決裂する事さえある。

親兄弟で上手くいかないとなれば、友人という事になるだろう。できれば双方の当事者共通の友人がいて、話し合いに立ち会ってくれるのが一番良い。小川夫婦がこのケースである。双方の言い分を聞いて公平な立場から意見を述べ、落としどころを探ってくれる友人がいれば理想的である。

それは家事調停の調停委員の役割を私的に果たしてくれる人であり、それが最も望ましいのだが、現実にはそういう友人はなかなか居ないと思わなければならない。そうなると、むしろ余人を交えずに当事者同士で話し合い、うまくいかないようなら裁判所の調停に持ち込むのが一番だと言えるだろう。

裁判官と調停委員の事前評議

友人の北口夫妻に立ち会ってもらい話し合った小川夫婦。だが結局、ふたりの関係は修復する事ができずに、良子は家庭裁判所に調停の申し立てをした。

第1回目の調停を控え、調停委員の大山雄介と菅野瑞江が裁判官室で担当裁判官の沢口ひとみと向かい合い、これから始まる調停の事前評議を行なっていた。裁判官の前には、良子が申し立てた夫婦関係調整事件のファイルが広げられていた。

「本件はいわゆる熟年離婚のケースですね。どうでしょう、進め方について先生方、何かお考えがありますか?」

沢口裁判官が２人の調停委員に尋ねた。30代半ば位に見える裁判官は、はるかに年上の調停委員に対して敬意を表した感じである。

「おっしゃる通り、申立書を読んだ感じでは、典型的な熟年離婚のパターンのような気がします。かなり以前の事になりますが、夫の史朗には不貞があったようですね」

大山委員に続いて、菅野委員も口を開いた。

「申立人はかなり離婚の意思が固いようですが、相手方の夫の方は必ずしも離婚に同意はしていないようです。まずその辺りから聴いていかなければいけないと思うのですが、大山委員はどうお考えですか？」

「そうですね。夫はどちらかというと離婚したくないと言っているようです。ですから財産分与や慰謝料の問題に入る前に、離婚そのものについて双方の主張を充分聴く必要がありそうです。ちょっと調整には手間取りそうな感触があります。今日は初回の期日になりますので、まず双方の言い分をよく聴くところから始めたいと思います。裁判官、何かご意見がおありでしょうか？」

「そうですね、私も先生方のご意見で良いと思います。過去の話し合いでは、お互いにかなり感情的になったようですから、今日は冷静に自分の主張を述べてもらいましょうか。それでは先生方よろしくお願いします」

「それでは裁判官、必要の都度、評議を行いながら進めて参りますので、よろしくお願いいたします」

大山と菅野の両調停委員は裁判官に一礼して部屋を出た。

「さて、大山先生、どういう展開になりますかね？」

「菅野先生、まずは先入観を持たないでじっくり聴いてみましょうよ」

大山委員はこれまで多くの調停に立ち会ってきたベテランである。経験豊富な調停委員だけに過去に色々な離婚紛争を見てきた。それらの離婚紛争に立ち会った経験から、離婚ではその原因となる事由と離婚を決意するまでの因果関係は比較的明確だと認識していた。ところが、熟年の離婚に関しては事由と結果の関係が一見分かり難い事が多いと大山委員は感じていた。少なくとも、一方の当事者である夫には分かり難いケースが多いように思えた。これまで扱った熟年離婚の調停の場合も、妻にとっては離婚を決意するに至る原因と結果の因果関係が明らかなのに、夫にとっては何故離婚なのか理解できずにいるケースが数多くあったからだ。

裁判官室を出て菅野委員と一緒に歩いていた大山委員は過去に扱った熟年離婚の調停を思い出していた。

（小川夫婦の場合も、どうして妻が離婚を決意するに至ったか夫が理解できず、離婚になかなか同意しないこれまでの熟年離婚のケースと同じかも知れないな）

と思い、気を引き締めて調停室に向かった。

穏やかな調停委員にほっとする妻

良子は呼びに来た同年輩位の女性に案内されて調停室に入った。部屋の入口に６号調停室と書いた札がかかっていた。壁には風景の油絵が掛かっており、さして広くない部屋の中央に長方形の机があった。その周囲に8脚の椅子があり、その1つに男性の調停委員らしい人が座っていて、その向かい側の中央の席に座るように言われた。

頭が薄くなりかかった小太りの男性調停委員が、少し微笑んで挨拶してきたので慌てて挨拶を返した。

「おはようございます。今日はご苦労様でした。私は小川良子さんから申し立てのあった調停事件を担当する事になった調停委員の大山と申します。よろしくお願いします」

「私は調停委員の菅野と申します。大山委員と一緒に小川さんの調停を担当させていただきます」

良子をここに案内してくれた女性もそう挨拶をした。

「如何ですか？　初めての調停という事で、緊張されているでしょう。誰でも裁判所に来ると緊張するものです。でも調停は裁判と違って話し合いの場ですから、緊張しなくても大丈夫ですよ。どうぞ深呼吸をして楽な気持ちになってください。そうは言っても急にリラックスするのは無理だと思いますが」

大山委員からそう言われて少しほっとしたが、心臓はドキドキしていた。

「最初に調停の仕組みや進め方について簡単にご説明しましょう。分からない事があったら、何でも聞いてください」

大山委員の説明によると、調停委員会は裁判官と男女各1名の調停委員の計3名によって構成され、中央の席は裁判官の席である事、調停は原則として調停委員がまず当事者の話を聴いて裁判官に状況を報告し評議を行いながら進めていく事、必要とあれば裁判官が同席する場合もある事などが説明された。

調停にあたっては調停委員が当事者それぞれに話を聴き、一方の当事者の話は調停委員がその内容を相手方に伝えながら調整をして進めていく事になるそうだ。中立人（良子）と相手方（史朗）が同席する事は無いが、当事者が同席調停を望み調停委員もその方が良いと判断した場合は、当事者双方が同席して話し合いを行う場合もあるとの事だった。ただ、中にはＤＶ（ドメスティック・バイオレンス）絡みの事件もあるので、同席調停をするかどうかは調停委員が裁判官と評議して慎重に判断をするという事だった。家庭内暴力による離婚事件で、うっかり当事者を同席させると、暴力沙汰になる危険性があるだろうという事は容易に想像できた。

【解説】離婚調停の流れ

離婚調停とはどのようなものであろうか。離婚調停の開始から、終結までのおおよその流れは次のようになっている。

(1) 初回期日

初回の期日に出頭すると控え室で待つように言われる。控え室は申立人と相手方は別々になっている。調停は調停室で行われ、男女各1名の調停委員によって進められるのが通常である。時には裁判官が同席する場合もある。初回期日には夫婦別々に調停に至った事情を聴かれ、また相手方の主張を伝えられる。通常、事情を聴かれるのは30分程度で、相手方と交替する。30分で言い足りない時は、再度呼ばれるのでその時にまた話す事ができる。要領よく話しをするために、調停に至った経緯を自分なりにまとめておくと良いだろう。必要であればメモを作成して持参する事は構わないし、調停委員に見て欲しい資料があれば持参しても構わない。

(2) 2回目以降の期日

2回目以降は、双方の主張に基づいて調整に入る。この調整は数回に渡って行われ、調停委員は極力調停で紛争を解決すべくアドバイスや解決策の提示を行う。

（3）成立、不成立、取下げ

調停の終り方としては、話し合いがまとまって「成立」する場合と、話し合いがつかず「不成立」となる場合とがある。この他に条件が整うまでに時間が掛かるとか、しばらく冷却期間を置いて機が熟するのを待った方が良いと判断される場合などは一旦「取下げ」という形で終了する場合がある。調停の終り方としては、この3つの種類がある。成立した場合は『調停調書』が作成され、この調書は裁判の判決と同様の効力がある。

離婚調停に向けた妻の決意

「我々調停委員には守秘義務がありますから、ここで聴いたお話が外部に漏れる心配はありません。どうか、安心してお話ししてください」

大山委員から穏やかな口調でそう言われて、良子の緊張は幾分和らいできた。そして、何をどう話したら良いのか戸惑っていた様子を見た菅野委員が切り出した。

「急に話せと言われてもお困りでしょう。小川さんは離婚をしたいという事で調停を申し立てられたんですよね？　私たちも申立書を読んで大体の事情は分かっていますが、何故離婚をしたいのか、どうしてそうなったのか、その辺をもう少し詳しく話していただけませんか？」

そう言われて、何故離婚を決意したのかという経緯を話し、離婚の決意が固い事、ふたりの話し合いでは、お互いが感情的になって話が進まない事などを伝えた。両名の調停委員は、話し易いように相槌を打ちながら聴いてくれたので、かなり要領良く話す事ができた。

「小川さんのご夫婦の場合は、お子さんたちが既に成人に達していますから、親権とか養育費などの問題は考えなくても大丈夫ですね」

良子が頷いたのを確認して、大山委員が続けた。

「そうするとまず、史朗さんが離婚に応じる気があるのかが最初に問題になると思います。おふたりが離婚という共通の土俵に上がらなければ、それから先の問題を考えても仕方がありませんからね。次に史朗さんが離婚という土俵に上がった場合、財産分与をどうするか、慰謝料についてはどうなのかが次の問題になると思います」

大山委員が調停に向けての問題点を整理した後で続けた。

「最初に確認します。良子さんの離婚の決意はかなり固いようですが、本当にそう考えてもよろしいのでしょうか？　離婚という事は、改めて言うまでもない事ですが、長年おふたりで築いてきた夫婦関係を終わらせてしまうという事です。離婚するとおふたりは他人になってしまうわけです。それに、離婚するには離婚後の生活の事がまず問題になります。こういうご時勢ですから、女性がひとりで生きていくという事は大変な事ですよ。良子さんの場合は失礼ですが、それなりの年齢ですから仕事に就くとしても簡単ではないと思います。これから離婚するには、かなりのエネルギーが必要になります。後で失敗した、離婚しなければ良かったと思っても、もう後戻りはできません」

良子は、改めて念を押す大山委員の言葉に答えた。

「その事については再三再四、自問自答を繰り返しました。私自身、本当にこれからひとりでやっていく気なのか……。幸い子供たちも私の立場を理解してくれて、心配するな、困った時には応援するからと言ってくれています。でも、子供たちに頼る気はありません。子供の世話にはならず、ひとりでやっていく自信があります。後悔するような事は無いと思ってます」

「しかし、それにしても離婚には相当な決意というか、覚悟が必要です。くどいようですが、仮に財産分与が期待するほど貰えなかったとしても、それでも離婚するという強い決意がおありですか？　離婚後はどのようにして食べていくおつもりですか？」

「何回でも申し上げますが、離婚を決心するまで、今後の事も含めて毎日のように自分に問い掛けてきました。幸い、親しくしていた友人の経営するブティックで人手が足りなくて困っており、ぜひ手伝って欲しいと頼まれています。ですから子供の世話にならなくても、私ひとりなら何とか生活していけると思います」

大山委員はなるほど、というように2、3度頷いてから口を開いた。

「そうですか。それでは問題点を絞ってみましょう。まず相手方である史朗さんが、離婚に応じる気があるのかどうかです。その点についての良子さんの見解は如何でしょうか?」

「夫は最初から離婚はしたくないと言っています。何回も話し合いをするうちに、仕方が無いかなという気持ちにはなりつつあるとは思うのですが……」

「そうですか。これについてはこの後、史朗さんの気持ちを直接確認します。この問題をクリアすると、次は離婚条件の問題になります。良子さんは財産分与についてどの程度の事を考えているのか、それを伺いましょう。次に慰謝料についてはどう考えているのか。そして、そのほか離婚に際して解決しなければならない問題があるかどうかを伺います」

大山委員の質問に対して、現在定期預金になっている史朗の退職金を含め、基本的に財産は2分の1を貰いたい事、年金についても半分を請求したい事、これらの要求が満たされれば慰謝料までを請求する気は無い事などを述べた。

大山委員が少し考える顔をして話してきた。

「年金ですか……。今の段階で年金を請求するのは難しいですよ。年金が無理な場合についてもよく検討していただく必要がありそうですね」

大山委員は年金分割制度の事だとすぐに理解してくれたようだが、現段階で年金を請求する事がどうして難しいと言うのか、良子は不思議な心地だった。

【解説】年金分割の開始と熟年離婚

２００７年４月の施行を目前に控えた年金分割制度は、熟年夫婦、特に妻側にとって大きな関心事になっているようだ。年金分割の概要に関して説明すると、それは以下のようになっている。

（1）年金分割ができるのは夫婦が離婚した場合である

年金分割は夫婦が離婚した場合にできるのであって、婚姻期間中に行う事は認められていない。また、離婚から2年経過した以後は、年金分割を行う事はできない。

(2) 離婚が2007年4月以降である事

離婚時年金分割の制度は、2007年(平成19年)4月1日に施行される。したがって、それ以前に離婚した場合はこの規定は適用されない。年金分割が適用されるのは2007年4月1日以後に離婚したものに限られる。

(3) 対象は専業主婦と共稼ぎの主婦だけ

わが国の年金制度は、3階建てになっている。

①自営業や無業者を含む国民の全てが加入を義務付けられている国民年金
②民間サラリーマンや公務員などの加入する厚生年金の被用者年金
③公的年金(①及び②)を補完する企業年金など

離婚に際して年金分割の対象になるのは、このうちの②の部分、つまり厚生年金あるいは共済年金などの被用者年金の部分だけである。基礎年金の部分(①の部分)は分割の対象にならない。したがって年金分割の対象になる女性は、夫が被用者年金を受給する専業主婦ならびに共稼ぎの夫婦だけであって、夫が自営業の場合は該当しないから注意を要する。

年金分割の上限は対象となる年金の最大2分の1である。また共稼ぎ夫婦の場合は、両方の分割対象となる年金を足した2分の1が上限になるので、妻の方の年金が多い場合は、妻の年金の一部が夫の方にいく事もあり得る。例えば、妻が働き夫が家事を担当する「主夫」というケースもたまにあるが、この場合は分割した年金は夫の方にいく事になる。

(4) 婚姻期間中納付の保険料に対応するもののみが対象

年金分割の対象になる年金は、婚姻期間中に納付した保険料に応じたものである。結婚する前に納付した保険料に対応する部分には及ばない。

(5) 年金分割は夫婦間の合意または裁判所の決定が前提

年金分割の方法は婚姻期間中に納付した保険料に応じたものになるが、当事者が離婚した場合、自動的に分割されるものではなくて、当事者の合意または裁判所の決定によって分割割合を定めた上で、社会保険庁に「保険料納付記録の分割請求」という手続きを取らなければならない。ただし、専業主婦の場合は、２００８年４月（平成20年４月）以降に離婚すれば、当事者の合意が無くても社会保険庁に保険料納付記録の２分の１の分割請求ができる。しかし、分割の対象も２００８年４月以降に該当する分だけである。もちろんそれ以前の部分については、合意が整えば合意分割の対象とする事はできる。

夫婦間で分割の合意ができない場合は、裁判所に調停の申し立てをする事ができる。調停が不成立に終わった場合は、審判という手続きに移行し、裁判所が分割割合を決める。通常は離婚調停と同時に年金分割の調停を申し立てるようになる事が多いと思うが、年金分割は離婚が前提だから、離婚調停で離婚が不成立となった場合は年金分割の調停は終了する。

離婚も年金分割も調停でまとまらない場合は、当事者が望めば離婚と共に裁判で決める事になる。

（6）年金分割の効果

合意などに基づいて、「標準報酬改定請求」などの請求があった場合、社会保険庁は夫婦のそれぞれについて年金の改定を行う。その結果、婚姻期間中に夫の納めた保険料のうち、妻に分割された部分については、妻が保険料を収めたものとみなして、妻自身が厚生年金の受給する年齢（65歳）に達した時、厚生年金を受給できる事になる。したがって年金分割が決まっても、すぐその年金を貰えるとは限らないので注意を要する。また、年金を分割した後に万が一夫が死亡しても、妻の受け取る事になった厚生年金の受給に影響はない。ただし、妻自身の分割前の公的年金加入期間などにより、受給資格要件満たしていなければ需給する事ができない。

このように年金分割はかなり複雑であり、また婚姻期間中に対応する部分のみが分割の対象になるので、年金分割を考えている主婦は実際に自分がどの程度の年金が貰えるのか、事前に社会保険事務所などでよく調べておく必要があるだろう。対象となる年金も被用者年金の部分だけだから、貰える年金は思っているよりも少ない可能性もあるし、実際に貰えるのは年金受給年齢に達してからである。ただ、年金分割が決まれば、それは妻のものとして社会保険事務所から振り込まれ、夫が仮に亡くなっても影響は受けないから、そういう意味では離婚した妻にとって、経済的な安定要因になる事は間違いない。

経済的な問題が離婚をためらう第一の理由だとすれば、年金分割の開始によってやはり熟年離婚が増加する可能性があるだろう。ただ実際に始まってみると、細かい部分や手続きの面で色々な問題も出てくるだろうから、今後の推移をよく見ている必要があると言える。予想としては、年金分割を夫婦間の話し合いで決めるのはなかなか大変な事と思われるので、２００７年以降は年金分割を巡って、調停がかなり増えるのではないかと推測している。

難しい妻の年金請求

大山委員が年金分割制度に関して詳しく説明してくれたが、良子が年金を受け取るのは現時点では難しい事をそれとなく言われた。

「すると私の場合は、制度が施行される前なので、離婚しても夫の年金はもらえないという事ですか？」

「そうです。ですから財産分与に関しては、年金を考えずに検討する必要があると思ってください」

大山委員の言葉に続いて、菅野委員が尋ねてきた。

「良子さん、これで年金の事は幾らか理解してもらえたと思います。ところで現在、ご家庭では家庭内別居のような状態になっているというお話でしたが、今後も離婚問題が解決するまで、その状態を続けるお考えですか？」

良子はまだ年金の事が頭の中を巡っていたが、気を取り直して菅野委員の質問に答えた。

「正直言って、こんな状態で毎日夫と顔を合わせるのは辛くて仕方がありません。最近は同じ家に居る事自体も嫌でたまらなくなってきました。夫も気まずいだろうと思いますし、できれば近々別居しようと思って手頃なアパートを探しています。その場合、離婚までの生活費は夫から貰えるものでしょうか？」

「仮に別居されても、離婚が成立するまでおふたりは夫婦です。おふたりの場合で言うと、史朗さんはこの期間の生活費を良子さんに支払わなければなりません。法律的には婚姻費用分担というのですが、これは現在の収入状況などを提出していただいて、所定の参定表によって算出する事になります。ただし、万が一お話し合いで解決できなければ、裁判所が審判という手続きによって決める事になります」と、菅野委員が答えてくれた。

背後の壁にかかっている時計にちらっと目をやってから大山委員が言った。

「婚姻費用は貰えますよ。そのほか、財産分与や慰謝料などに関してもひと通りお話も伺いましたので、それらの具体的な条件の問題に入る前に、史朗さんのお考えを伺う事にしましょう。不公平にならないよう、史朗さんにも良子さんに伺ったのと同じ位の時間、お聴ききする事になります。その間、先ほどの控え室でお待ちいただけますか？　またお呼びしますから」

良子と調停委員との初めての話し合いが終了した。初めは緊張の余り調停委員の話をしっかり聞く余裕もなかったが、次第に緊張が和らいで自分の言いたい事は言えたのではないかと良子は自分を評価した。

【解説1】話し合いのポイントと争点

菅野委員が言った「婚姻費用分担」とは、夫婦が別居するような場合に収入の多い方が少ない方に対して支払わなければならない生活費である。小川夫婦の場合、平たく言えば良子の生活費の事である。

この婚姻費用のほかにも離婚の話し合いのポイントが幾つかあるので整理してみよう。一般的に離婚の争点になるのは次のような諸点が考えられる。

①離婚そのもの（離婚するのかしないのか）
②子供の親権者をどちらにするか
③子供の養育費をどうするか
④財産分与についてどう決めるか

⑤慰謝料をどうするか
⑥親権者にならなかった親と子供の面接についてどう定めるか
⑦婚姻費用をどうするか（別居の場合）

慰謝料という言葉に抵抗を感じる当事者（払う側）も少なくない。そこで慰謝料とせずに、離婚に際して一方の当事者（妻側の場合が多い）の立ち上がり資金を他方が援助するという意味合いから、『離婚に伴う解決金』として支払う事を決める場合も多い。一種の和解金と理解すれば良いだろう。

これらの七つの争点は離婚全般のものであるが、熟年離婚の場合は子供たちが成人に達している場合が多いので、②の子供の親権者、③子供の養育費、⑥親権者にならなかった親と子供との面接などは検討の対象から外れるだろう。小川夫婦の場合はこのケースである。

したがって小川夫婦の場合は、①の離婚の可否、④の財産分与、⑤の慰謝料（あるいは解決金）、場合によって⑦の婚姻費用分担が主な争点になる。もっとも財産分与や慰謝料は離婚する事に異存の無い場合の条件であるから、まずは離婚の申し出に対して、相手方がそれに同意するかどうかが問題となってくる。

離婚そのものに同意する気が相手方に全く無いのなら、話し合いはそこで決裂という事になってしまう。ただし、最初は不同意を表明していた相手方も、話し合いを重ねるうちに申し出た側の意思の固さを理解して、次第に諦めて同意に傾く事はしばしば見られるところである。

【解説2】次に財産分与などの条件に関して

(1) 財産分与

財産分与の対象は、結婚後に夫婦で作った財産である。例えば、婚姻当時に夫や妻が持っていた定期預金などは、その人が元々持っていた「固有の財産」という事になって、財産分与の対象にはならない。しかし、実際には長い婚姻生活の中で、他の預金と混在してどの部分が固有の財産か分からなくなってしまう事も多い。

財産としては、預貯金、株式、生命保険、不動産、動産などが通常考えられる。不動産は居住用の土地と建物が考えられるが、これにはローンが残っている事が多い。最近は不動産価格が下がっているので、土地と建物を処分して住宅ローンに充当しても、ローンを返済しきれない場合が多い。そうなると負債が残ってしまうわけだが、財産分与の対象は原則としてプラス財産のみが対象となる。そうはいっても現に住宅ローンの残債が残っているような場合にそれを無視するわけにはいかないから、これが話し合いの上で障害になる事が多い。

(2) 慰謝料

離婚で当事者双方の意見が全く相反する場合が多いのが慰謝料である。多くの場合、要求する側の妻は多額の慰謝料を請求する。一方、払う側の夫はなるべくなら払いたくないと考える、或いは払う理由が無いと強く反発する事が多い。その上、慰謝料には当事者の感情が強く入り込みがちである。そのため、要求する側からは何千万円もの常識外れの金額が提示される事がある。

慰謝料にはいわゆる相場というものはない。そのケースによって金額は様々であるが、芸能人や大金持ちの特殊なケースは別として、何千万円もの慰謝料は例え裁判をやっても認められるものではない。慰謝料の金額は意外に低いもので、相場は無いといっても通常認められるのは２００万円から３００万円程度が多い。感情論はともかくとして、現実には支払う側の支払い能力というものを考えて判断しなければならない。要求する側からすると、サラ金から借りてでも払えという事になるが、この考え方は調停でも認めてもらえない。

要求する側に感情が入り込むのと同様、要求される側にも感情の問題がある。慰謝料などを請求されるいわれは無いと強く反発する事がしばしば見られる。その打開策として「離婚に伴う解決金」という言葉が使われる。自分は何も悪くないと感じられる言いまわしで、慰謝料は嫌だが解決金なら払うという当事者は少なくない。解決金の額も慰謝料同様にケースによって様々である。場合によると、財産分与と慰謝料的なものを合算して、『解決金』として一括して取りまとめる場合もある。

なお、支払い者の支払い能力から見て、到底払えないような金額の慰謝料は、仮に支払う側がそれで良いと言ったとしても、所詮は絵に描いた餅になってしまうので、額の決め方や支払方法の決め方は現実を充分に勘案して判断した方が良いだろう。

(3) 婚姻費用分担

菅野委員が指摘した「婚姻費用分担」について触れておこう。離婚問題に直面した夫婦が別居する事はよくある事だ。離婚が避けがたい状況で同居していると、不都合な事は多い。

離婚検討中の夫婦は、同居していても顔を合わせないようにしているとか、或いは合わせても会話は全く無いとか、事務的な必要最小限以外には会話が無いというのがほとんどで、実際には離婚成立を待たずに別居してしまう事が多い。

その場合、何らかの衝突がきっかけとなって、妻が家を出て行くのが大半で、『勝手に出て行った妻にどうして生活費を払わなければならないのだ！』と夫側は文句を言う事がよくある。しかし事情はどうあれ、離婚が成立するまでは夫婦であるから、収入の多い方は少ない方に生活費を支払わなければならない事になっており、それは夫側になる事が多い。

婚姻費用も、夫婦間で話し合いが付けば良いのだが、話し合いが付かない時は、「婚姻費用分担」の調停を申し立てる事になる。離婚（夫婦関係調整）の調停と同時に「婚姻費用分担」の調停が申し立てられる事も多い。

調停では婚姻費用の額は、夫婦の収入と家族構成に基づいて、裁判所が作成した「算定表」（１６８ページ参照）に照らして算出される。調停で話し合いが付かない場合は、審判という手続きで家庭裁判所が決めるが、この場合も判断の基準は「算定表」だから、結果は調停で決めるのと大差ない。したがって調停で決めた方が手っ取り早いが、双方の意地がぶつかり合って話し合いが付かず、止む無く審判で決めざるを得ない場合もある。

アドバイス　争点の優先順位を決める

　以上のように、話し合いには幾つかのポイントがある事が理解できたと思う。実際の話し合いにあたっては、その優先順位を決める事が大切だ。どんな話し合いでも、譲れる事と譲れない事があるからだ。例えば、①離婚、②財産分与として預金300万円、③慰謝料として200万円という3つの争点があるとする。この3つの争点について、全部の要求が通らなければ絶対離婚しないというのと、とにかく離婚したいので②財産分与と③慰謝料は最悪の場合に無くても良いというのとでは、話し合いの内容が全く変わってくるだろう。

　夫の家庭内暴力で苦しんでいる妻などは、できれば財産分与や慰謝料も欲しいが、それよりも一刻も早く離婚する事の方が大事だという事になる。また、財産分与や慰謝料については請求額通り1円たりとも下げないという人もいるし、どちらも欲しいが額については弾力的に対応するという人もいる。

　それぞれの争点についてその優先順位、つまり一番大事なのは何か、その次に大事なのは何かという事を整理して、自分が譲歩できる範囲を念頭に置いて交渉の場に立つ事が問題を解決する上で重要である。この事は、なかなか冷静になれない当事者同士の話し合いでは、簡単ではないかも知れない。しかし、話し合いをまとめるためには最も重要な点なのである。

離婚は仕方が無いと夫は考えた

　史朗が憮然として相手方控え室で待っていると女性に呼ばれた。案内されて調停室に入ると、大山と名乗った男性調停委員に促されて席に付いた。緊張と不安、不愉快さが控え室の時よりも一段と強くなった。

「今日はお忙しいところ、調停のためにおいでいただき有難うございました。この調停は奥様の良子さんから申し立てられた調停です。良子さんは申立人、あなたは相手方という事になりますが、調停では申立人が有利、相手方が不利という事は全くありません。先ほど、申立人である良子さんからひと通りどういう経緯で調停を申し立てられたのか、またこの調停でどういう事を決めて欲しいのかを伺いました。史朗さんには史朗さんの立場があり、当然違ったご意見もおありだと思いますので、遠慮せずにお考えを述べていただきたいと思います。その前に調停とはどういうものか、どのようにして進めていくのかなどについて簡単にご説明します」

　思い掛けなくソフトな口調の大山委員の話を聞いて、

（何が調停だ！　簡単には説得されないぞ！）

と身構えていた史朗の気持ちが急速に和らいでいった。自分が思い描いていた裁判所とは大分イメージが違う。きちんと自分の話を聞いてもらえそうだと思った。

史朗は、突然離婚を切り出されてから今日までの経緯をとつとつと語った。2人の調停委員は『なるほど』とか『そうでしょうねぇ』などと相槌を打ちながら聴いてくれた。

「私としては離婚したくないというのが本音です……。せっかくこれから老後を楽しもうと思っていた矢先ですから。でもこれまでの話し合いの中で、良子の決意が極めて固いのも分かっています。今では、これ以上話し合っても良子の決意を変えさせる事は困難かなと思います。ただ……、未だに何故、良子がそういう心境になってしまったのか……、理解できないのも事実ですが……」

ここまで言って、大きく溜め息を付いた。

「良子の気持ちが私から離れていっていた事に、気付かなかった私にも充分責任があるのだとは思います。私は裁判で離婚を争う気は毛頭ありません。ここまできてしまうと、離婚という線で話し合いを進めていくしかないのかなぁ、というのが今の私の気持ちです。よろしくお願いします」

調停委員に頭を下げた時、史朗は不覚にも目頭が熱くなってしまった。

『うんうん』と頷きながら聴いていた大山委員は、目頭に手をやった事は見なかったように、ふと窓の外に目をやって、

「おや、いつの間にか雨が上がりましたね。明日は久し振りに晴れるかも知れませんねぇ」

と言った。

史朗は調停委員の何気ない気遣いを嬉しく思った。大山委員と天気について少し会話を交わした後、気持ちが落ち着いてきたのを見計らったように、菅野委員が尋ねてきた。ここに案内してくれた女性だ。

「そうしますと、史朗さんとしても離婚する方向でお話を進めて良いという事でしょうか？」

「はい、その方向で止むを得ないと思います」

史朗は落ち着きを取り戻して答えた。菅野委員がさらに、

「それでは離婚という事で話を進めたいと思いますが、これは後になって失敗したでは済まされない問題です。一応、今日のところは離婚の方向という事で承っておきますが、次回の調停までにご自分の気持ちをよく再確認してみてください。良子さんの方からは離婚、そして条件として財産の2分の1を貰いたい、その財産には退職金、今後の年金を含むという希望が出されています。この辺について、次回は財産の内容を確認して調整していきたいと思います。良子さんの希望を踏まえてよく検討し、史朗さんの考えをまとめてきてください」

史朗が黙って聞いていると、菅野委員が続けた。

「それから付け加えますと、良子さんは近々別居したいというお考えのようです。その場合は婚姻費用、つまり当面の生活費ですね、それをどうするかという問題が出てきますので、それについてもご検討ください」

退職金や年金を請求したいという良子の希望を聞いて、史朗の心中は穏やかでは無かった。別居も時間の問題だなと覚悟もしていたところだったが、生活費云々の発言に対して思わずカッとなってしまった。

「勝手に出て行く妻に対して、生活費なんか払う必要があるんですか?! 私としては払いたくないのですが!」

「お気持ちが分からないではありませんが、おふたりは離婚するまでは夫婦です。もちろん収入状況を考慮した上の話ですが、一定のガイドラインを目処にして生活費を分担しなければならない事に法律で決まっているのです」

菅野委員の回答に、大山委員がその通りというように頷きながら再び口を開いた。

「それでは、一度控え室に戻ってお待ちいただけますか? これから良子さんをお呼びして、史朗さんが一応離婚の方向で考える気持ちになった事をお伝えします。その上で、次回までに中立人として、もう一度条件面についてよく考えていただくようにお願いしましょう。今日のところは初回ですし、この辺にしておいて次回の期日を決めたいと思います」

史朗は、2人の調停委員に一礼して先ほどの控え室へと向かった。自分が離婚へ向かって足を踏み出した事を改めて感じながら、条件面をどう対処したら良いのかと考え込んだ。

妻は財産の半分を請求した

小川夫婦は第2回目の調停期日を迎えた。調停も2回目で、良子はだいぶん緊張はしなくなった。でも、この控え室で待っている時間はやっぱり嫌だと感じていた。

前回の調停後に家を出て、アパートを借り史朗と別居した。家を出る事について史朗は何も言わなかった。しかし、婚姻費用については幾ら払ったら良いか分からないので、それも裁判所で話し合おうと言うので、良子は婚姻費用分担の調停を申し立てた。裁判所の話では、夫婦関係調整の調停と並行してこの調停も行われるという事だった。

「今日は史朗さんの気持ちに変化が無ければ、財産分与と慰謝料を中心にした話し合いになると思います」

大山委員がそう言った。続けて菅野委員がそれに口を添えた。

「良子さんの方から婚姻費用分担の調停が申し立てられていますね。別居されたわけですね？

ですから、婚姻費用についても話し合いが必要ですね」

「はい、よろしくお願いします」

　そう言って良子が頭を下げた後、大山委員が手元のファイルを見ながら尋ねてきた。

「史朗さんが離婚に同意するとしてのお話ですが、財産分与、あるいは慰謝料について良子さんとしてはどうお考えですか？　前回は財産分与については2分の1、慰謝料は請求しないつもりだという基本的なお考えは伺いました。年金分割についても希望されているようでしたが、それは現時点では難しいとお伝えしましたね？　その後、具体的にこの問題について詰めてお考えいただいたでしょうか？」

「はい、もう一度考えて整理してみました。先ず、預金が2400万円あります。シラカバ銀行に定期預金が1000万円、アカシヤ銀行にも定期預金で400万円です。そして、郵便貯金が1000万円で、合計2400万円です。このうち、2000万円は史朗の退職金です」

　良子は、自宅で整理してきた通りに澱みなく答え続けた。

「それから、今まで一緒に住んでいたマンションです。不動産会社に聞いたところでは、時価およそ1500万円位だろうという事です。ローンは全額支払ったので、借金はありません。あとは家財道具と、それぞれの名義の生命保険がある程度です」

○シラカバ銀行定期預金……………1000万円
○アカシヤ銀行定期預金……………400万円
○郵便貯金………………………………1000万円
▽預貯金小計……………………………2400万円
○不動産（マンション）………………1500万円
▼合　計…………………………………3900万円

注1　預貯金の内、2000万円は史朗の退職金
注2　不動産は業者査定による時価、住宅ローンはなし
注3　他にそれぞれの名義の生命保険、家財道具など

財産の内訳を聴いて、菅野委員が質問してきた。

「そのマンションの名義はおふたりの共有ですか？　購入されたのは結婚後だと思いますが、最初は幾らで購入されたのでしょうか？」

「名義は夫です。購入額は2500万円で、ローンは確か2000万円だったと思います。ですから、500万円が頭金だったと思うのですが……」

「そうすると、預貯金の半分として1200万円、それに不動産は共有にするという事ですか？」

「いいえ、共有にしても仕方が無いので、時価に換算した半分、750万円を現金で貰いたいと思っています」

「なるほど……そうすると現金で1950万円を貰いたいというのが良子さんのお考えですね？　他に何かありますか？　慰謝料は請求しないと考えて良いですね」

「あと……、前回は難しいというお話でしたが、できれば年金を半分貰いたいと思っています。家財道具は適当に分ければ良いと思います。生命保険はそれぞれの名義のものをそれぞれが貰う事でどうでしょうか？」

「はい、良子さんのお考えは分かりました。ただ、年金については以前にもお話しした通り、専業主婦の場合、2007年から制度が変わって厚生年金の最大2分の1を請求できるようになりますが、それまではちょっと難しいですよ。ですから、その事を前提にして、例えば財産分与の2分の1に幾らかを加えたプラスアルファを請求するというのが、現時点で考えられるところですね。問題は、史朗さんがどう考えるかですが。それでは交代していただいて、史朗さんのご意見を伺いましょう」

興奮する夫

「前回の調停後、１か月近く経ちましたが、その間に色々ご検討いただいたと思います。それではにつ早速ですが、離婚についてのお考えからお聴きしましょうか？」

大山委員から聞かれ、史朗はひと呼吸置いてから口を開いた。

「お聞きだと思いますが、あの後に別居しました。良子が出て行ったわけです。もう修復は難しいと思いますので、離婚は止むを得ないと考えています」

「では、離婚するという事でお話を進めてよろしいのですね？　そうすると条件面の調整という事になりますが、最初に良子さんのお考えをお伝えします。これはあくまで、良子さんのお考えであって、我々調停委員もそう考えているわけではありません。誤解しないでください」

菅野委員から良子の主張を聞いて、史朗は勢い込んで口を開いた。

「ちょっ、ちょっと待ってください！　それは余りにも勝手過ぎるんじゃないでしょうか！　まず預貯金ですが、確かに２４００万円ありますよ。しかし、そのうちの２０００万円は私が何十年も汗水たらして働いてきた労力に対して支払われた退職金ですよ！　それを家でのんびりしていた良子が半分寄越せとはどういう事ですか?!　それにその中には、私が独身時代に働いた分に対する報酬も含まれているんですよ！」

「まぁまぁ、史朗さん、余り興奮しないで下さい。確かに、退職金はあなたの努力の結晶でしょう。でもその間、良子さんはただ遊んでいたわけではなくて、家事をし育児をやり、家庭を守ってきたのです。それがあったからこそ史朗さんも安心して仕事に打ち込む事ができたのではありませんか？ ここは冷静になって、よく考えて見ましょう。独身時代に対応する分については確かに、検討の余地はありますが」

　2人の調停委員に交互に諭されたが、興奮した史朗の感情は簡単には収まらない。

「それにですよ！ 私は毎月家族のために充分な生活費を渡してきました。我が家では比較的質素な生活をしていましたから、良子は絶対に相当な"へそくり"をしている筈です！ 私の預金を半分寄越せと言うのなら、良子の"へそくり"も洗いざらい出してもらい、それも折半すべきだと思います！ 調停委員のおふたりも良子の言いなりにならずに、そういう事もちゃんと聴いてもらわないと困ります！」

「史朗さん、誤解しないで聞いてください。良子さんの考えている事をお伝えしたまでで、それが良いとか悪いとか言っているわけではないのです。まず、良子さんのお考えを伝え、それから史朗さんのお考えを良子さんに伝えて、その上で調整に入っていこうという事です。ですから、良子さんの主張は主張として、史朗さんの主張を聴かせて下さい。良子さんの考えにはとらわれずに、ご自分の考えを聴かせてください。私たちはそれを良子さんにお伝えしますから」

史朗は荒い息を吐き出し、しばらく考えた。そしてようやく冷静になって口を開いた。

「分かりました。では、私の考えを言わせていただきます。財産は良子の〝へそくり〟も含めた全てをはっきりさせた上で、６対４位で分けたいと思います。もちろん、私が６です。年金については、私も調べて見たのですが、分割の法律が施行されるのは２００７年からですから、払う気はありません。いずれにしても財産分与については、もう少し考える時間が欲しいと思います」

「なるほど、そうすると離婚には応じる。財産分与についても応じるけれども、額などについてはもう少し考える時間が欲しいという事ですね？　念のため伺いますが、慰謝料については、どうお考えですか？」

「慰謝料?!　冗談じゃない、何で私が慰謝料を払わなければならないんですか！」

「はい、お考えは分かりました。ところで、史朗さんは良子さんに〝へそくり〟があると主張されましたが、良子さんが否定された場合、〝へそくり〟があるかどうかは主張される史朗さんの方で立証していただかなければならないと思いますよ」

「えっ……？　それは裁判所の方で調べていただくわけにいかないのでしょうか？」

「それはちょっと難しいと思います」

調停委員の見解

「あの人は私に〝へそくり〟があると言うんですか?! 私がどれだけやりくりに苦労してきたか、全く分かってないんですね! 〝へそくり〟があると言うなら証拠を見せてもらいましょう、証拠を! はっきり言って〝へそくり〟なんか作る余裕は全然ありませんでした。それに財産を6対4で分けるですって?! 私が散々苦労して家計や育児をやってきたっていうのに……!」

史朗の考えを聞いた良子は感情が昂り、涙が自然と流れてきた。ハンカチを探してハンドバッグをかき回していると、菅野委員がそっとティッシュペーパーを渡してくれた。少し時間を置いて、大山委員が言った。

「まあ、これまでの長い婚姻生活には色々あったでしょうからねぇ……。今日はとりえず、双方のお考えが分かったので、これを踏まえてお互いに冷静になって考えていただく事にしましょう。ところで婚姻費用ですが、これは収入の資料を出していただいて、参定表に照らして算出する事でよろしいですね？」

涙を拭いながら良子は黙って頷き、2回目の調停が終わった。

ふたりの当事者が帰った後で、大山委員が菅野委員に言った。

「いやいや、今日は双方ともちょっと興奮してましたねぇ。これは調整にちょっと苦労するかも知れませんね？」

「そうですね……、でも一度こういう場面があると、次からかえってお互いに冷静になれると思います。時間が解決するという言葉がありますが、感情的なものは時間と共に沈静化しますからね。”へそくり“については、あると主張する史朗さんに証明してもらわなければなりませんよね？　証明は無理だと思いますが……」

「まだ住宅の問題も残っているし、調整にはもう少し時間が掛かりますね。でもふたりとも裁判は望んでいないようですから、何とか調停での調整は可能だと私は思いますよ、菅野さん。もう少し紆余曲折があると、覚悟しなければならないでしょうが……」

「そうですね……。それにしても、今後はこうした熟年離婚のケースが増えるのでしょうね」

こう言って、菅野委員が大きく頷いた。

「先日読んだ雑誌に書いてあったんですが、2007年問題というのがあって、それによって熟年離婚が増加すると言うんですよ」

　大山委員は、先日読んだ経済誌の内容を簡単に説明した。

　ここ数年増加傾向だった離婚件数が、最近減少しているという。その離婚件数の減少には熟年離婚の減少も含まれているが、熟年離婚が２００７年４月以降になって急増するというのが、その雑誌のおおよその内容だった。２００７年以降に相次いで迎える『団塊の世代』の大量定年退職と同じく２００７年４月から始まる『年金分割』が熟年離婚増加の要因になると指摘しているのだった。

　大山委員が読んだ経済誌の内容を聞いて、菅野委員が話した。

「団塊の世代の大量定年はどこの企業も大きな問題となっているようですね。新聞にも団塊の世代が持っている技術の継承をどうするかなどと書かれていましたね。それよりも最近は、定年後どうやって過ごしたら良いだろう、という相談が非常に多いらしいですよ。これは私の知っている会社でメンタルケアのカウンセラーをやっている人から聞いた話ですが。その人が言うのには、最近企業ではうつ病になる人が多く、その中でも目立つのが定年を間近に控えた団塊の世代の社員からの相談らしいです。定年後の事を考えて、うつ病になるらしいですよ……」

「私も聞いた事があります。ある会社で総務部長をやっている人なのですが、定年後の事を考えるとぞっとする、どうしたら良いのか分からないと言うんですね。その人も団塊の世代の人なのですが、それまで定年後の事など考えた事もなかったのが、いよいよ定年が現実のものとなってくると、慌てたり悩んだりしているようでしたよ」

大山委員の話に菅野委員が大きく頷いた後で言った。

「団塊の世代の人たちは高度成長時代を生き抜いて、仕事一筋にやってきた人たちが多いから、仕事の無い生活というのが考えられないのでしょうかね。定年後はほとんどの人たちが毎日、家にいる生活になるのでしょうが、その生活のイメージがなかなか湧かないというのでしょうか……」

その後もしばらく、大量定年退職を迎える団塊世代の生き方についての話は続いた。

【解説】団塊世代の生き方

2007年以降に相次いで定年を迎える団塊の世代は、これまで企業を支え、日本経済の高度成長の推進力になってきた人たちだ。その数は、600万人とも700万人とも言われる。しかし、この団塊世代の人たちの生き方という面から見ると、どちらかといえば不器用な人たちである。とにかく仕事が好きで、時には家庭も顧みずに仕事に打ち込んできた。朝早くから夜遅くまで仕事をし、家には寝に帰るようなものだった。仕事も、家庭も、趣味や遊びも、全てをうまくこなしていくという器用さは持ち合わせない。この団塊の世代から仕事をとると、何も残らないとさえ言われるほどである。

当然、妻とのコミュニケーションは途絶えがちなので、夫婦の関係が冷え込んでいく危険性は充分にある。中には10年以上も夫婦の交わりが無いという、セックスレスの夫婦も増えている。子供との関係も疎遠で「お父さんはたまに帰ってくる人」になってしまい、家の中には居場所が無くなっている。

仕事一筋にきただけに、趣味らしい趣味も持たない人が多い。酒もゴルフも麻雀も、旅行や遊びごとなどは、全て接待などの仕事との関わりでやってきた。遊びを遊びとして楽しむ術を知らないのである。だから定年を迎えると、やる事が突然無くなり、団塊世代は途方に暮れるらしい。

亭主在宅症候群とは

「一時期〝亭主元気で留守がいい〟という言葉が流行りましたが、団塊の世代が定年を迎えると妻たちはそうも言っていられなくなりますね。何もしないで家でゴロゴロしているような人がきっと増えるんでしょうから。ねぇ、大山委員」

「妻たちはきっと大変な思いをする事になるんでしょうね。定年退職する前までは仕事でほとんど家に居付かなかった夫がずっと家に居る。子育ても終って〝さあ、これから私の人生〟と思っていた妻の自由が無くなるのですから大変ですよ。妻たちの中には『亭主在宅症候群』に陥る人も出てくると言うのですから、これは穏やかではないですよ」

「えっ？　その、亭主在宅症候群っていうのはどういうものですか？」

　菅野委員の質問に大山委員が答えた。

「亭主在宅症候群とは、日頃仕事で家に居ない亭主が、定年などで家に居るようになると現れてくる様々な症状の事で、『亭主在宅ストレス症候群』とも言うらしいです」

「夫が家に居るだけで、どうしてそんな病気が誘発されるんでしょうね？」

「夫の居ない生活に慣れてしまっているところに、毎日夫が目の前に居る。その夫は特にする事も無いので、だらだらとソファーに寝そべってテレビを見ているか新聞を読むのが関の山。

そして昼になると『おい、メシ』、夜になるとまた『メシはまだか』となる。最初は我慢して食事の支度をしていた妻も、それが毎日となると『メシ』と言われる度にムッとなり、鈍感な夫はそんな事には気付かない。今までなら、午前中に手早く家事を終え、友人とホテルでランチバイキングでもなんていうささやかな楽しみも奪われ、外出でもしようとすると、『俺も、俺も』とくっついてくる。こんな風に、夫が家に居る事で妻の自由が束縛される事に起因するらしいです」

「なるほど。夫の存在がうっとうしくなって、ストレスになるという事ですね」

「そのようです。ストレスが高じて〝頭痛がする、めまいがする、よく眠れない〟という症状が誘発された結果、妻は『亭主在宅症候群』に陥ってしまうという事らしいです」

アドバイス

この病はお医者様でも、草津の湯でも治らない。唯一の治療方法は目障りな存在を取り除くしかない。しかし、取り除くといっても相手は夫である。

こうした夫婦間の状態が続くと、次第に夫婦関係にひびが入ってくる。『亭主在宅症候群』に陥った妻はイライラが高じている。それがピークに達すると、喧嘩が絶え間無く繰り返され、些細な事でも言い争いになってしまう。ついには家庭内別居、そして本当の別居という事にもなりかねないのだ。別居の行き着く先は離婚である。それを回避するには病気にならないようにする事である。そのためには、夫が妻の状態に気付く事である。それは、早ければ早いほど良い。

危機状態に早く気付き、早く手を打つ。これは危機管理の鉄則である。夫婦関係においてもこの鉄則は例外ではない。離婚騒ぎになってから慌てても手遅れなのだ。そうならないうちに対策を講じるべきだろう。しかし、多くの夫たちは〝対策と言われても、どうすれば良いのだ？〟という事になるだろう。

毎日家でゴロゴロせずに図書館に行ったり、趣味仲間を見付けるなどして外出を極力心掛ける事だ。そうしなければ、妻は日増しに危険な状態に陥っていくかも知れないのだ。これは決して他人事ではない。

団塊が橋のたもとで思案顔

『亭主在宅症候群』について教えてくれた大山委員に菅野委員が答えた。

「今まで仕事一筋にきた人たちですからね……。定年後も行くところが無いと言うのが現状でしょうか。近くの図書館などに行くにしても毎日とはいかないでしょうし……。定年後に妻のストレスが増えるのも分かるような気がします……」

「〝団塊が橋のたもとで思案顔〟という川柳を新聞で読んだ事があります。ここで言うところの〝橋〟は定年の事を指しているとの事ですが、この川柳を読んだ時に、本当に定年後の団塊世代の気持ちを上手く詠んでいるなぁと、感心しました。でも、思案顔をしている程度なら良いのですが、定年退職を目前に控えた人たちの心情はもっとシビアなのでしょうねぇ」

　大野委員の言葉に、菅野委員が同調した後で尋ねた。

「それに、2007年4月からは離婚に伴う年金分割が始まるわけですよね？　先ほど離婚件数が減少傾向にあるとの話をされていましたが、それは年金分割がスタートするのを待っている妻が、少なからずいるという事なのでしょうか？」

「菅野委員の言う通りかも知れませんねぇ。年金分割を心待ちにしている妻がいると指摘している雑誌も読みました。2007年以降に熟年離婚が増加するという識者の意見を載せていました」

「小川夫婦の調停でも年金分割の話が出て、申立人である妻が夫の年金の半分を請求しましたね。現段階では年金を請求するのは難しいと、説明して理解してもらいましたが、今後は年金分割を絡めた調停がどんどん増える可能性がありますね」

「ただ、小川夫婦の場合は年金問題も含め、どうにか話し合いの筋道が見え始めてきたと思うのですが。夫の史朗さんも離婚には同意する意向を示しているわけですから」

「私も大山委員の意見に同感です。もう少し調整する部分が残っていますが、今日の状況を裁判官に報告してこれからの進め方についてアドバイスを仰ぎましょうか」

2人の調停委員は、調停室を出て裁判官室へ向かった。

譲れない妻の要求

調停も3回目となると、良子はかなり冷静でいられた。

「前回の調停の後、色々考えたのですが、私としては不動産を含めて半分以上は絶対に貰いたいと思っています。年金は無理だという事ですから、夫から出された6対4の分配率の6は私が要求したいと思います」

良子がこう答えると、大山委員が尋ねた。

「そうすると、マンションは売却するという事ですか？」

「いいえ、今の状況では簡単に売却は難しいでしょうから、不動産会社の言う時価の6割を現金で貰いたいと思います」

　要求について簡単には譲歩しないという自分の決意を見せると、調停室に幾らか緊張が走った。

「そうすると、良子さんの請求額は幾らという事になりますか？」

「はい、預貯金が全部で2400万円ですから、その6割で1440万円、それに不動産の時価が1500万円として、その6割で900万円、合計2340万円を財産分与として現金で貰いたいと思います」

「うーん、2340万円ですか……。さて、ご希望は分かりましたが、果たしてそれで史朗さんが納得するでしょうかね……」

　良子には大山委員が一瞬、怪訝な顔をしたのが分かったが、毅然と自分の考えを訴え続けた。

「たぶん、納得しないと思います」

「その場合はどうするつもりですか？」

「どうしても同意してもらえなければ、裁判をしてでも取りたいという気持ちです」

「なるほど、決意は相当固いという事ですね。裁判も考えていると言われましたが、どなたか弁護士さんにでも相談されているのですか？」

「いいえ、まだ弁護士に相談するところまでは考えていません」

「そうですか、お気持ちは分かりました。少し整理しましょう。まず、今回離婚したいという事でこの調停を申し立てたのは良子さん、あなたですよね？　史朗さんは初め、離婚したくないと言っていました。それが調停を進める事によって離婚に応じる姿勢にはなりました。でも、できれば離婚したくないというのは史朗さんの本音だと思います。さらに前回、史朗さんは〟へそくり〟にこだわったり、財産分与の割合についても自分が６割と主張していました。それから考えると、今の良子さんの主張に同意するとは到底思えません」

大山委員はこう話すと、良子の顔色を窺うように続けた。

「離婚を強く望んでいるのは良子さん、あなたの方なのですから、ある程度譲歩をしないと、この調停をまとめる事はかなり難しいと思います。離婚するためには、色々の要素があります。良子さんの場合であれば、離婚と財産分与という２つの要素があるわけです。この２つの要素が１００％満足されないと離婚しないという事なのか、条件面で多少譲歩しても離婚を優先させたいという事なのか、その辺をよく考える必要がありそうです。ここには色々な方が来ますが、中には離婚さえできれば何も要らないという人もいるのですよ」

大山委員の話を黙って聞いていた良子だが、勢いよく顔を上げて言った。

「先生のお話を聞いていると、私がかなり無理な事を要求しているように聞こえるのですが、やはり私の考えはおかしいという事ですか？　何だか私には先生方が夫の味方をしているように聞こえます！　先生、いいですか？　少し古い話ではありますが、夫は浮気をしていたんですよ！　本来なら私は慰謝料を請求しても当然だと思っています。我慢して財産分与しか請求していないのに、私の考えがおかしいならどこが間違っているか、はっきり言ってください！」

目尻を上げて言い出した良子に、大山委員が少し慌てて、

「まあ、まあ」

と両手をひらひらさせた。さらに、菅野委員が急いで割って入った。

「良子さん、ちょっと落ち着いてください。私たちは決して史朗さんの味方をしているわけではありません。公平な立場で、あなたたちご夫婦がどうすればお互いに納得して、この離婚問題を解決できるのかという事を考えているのです。調停は話し合いです。お互いが自分の主張に固執しているばかりでは、話し合いをまとめるのは無理です。譲歩できる点、譲歩できない点、おふたりの譲り合える限界がどこにあるのかを私たちは見付けようとしているんですよ」

菅野委員の話を聞いて、良子は少し興奮しすぎたと反省した。

「すみません……、つい興奮してしまって。でも、先ほども申し上げたように、私は慰謝料を請求していませんから、全体の６割を貰いたいという考えは、無理とは思えないのです。とにかく私の考えを夫に伝えていただけないでしょうか？」

「分かりました。史朗さんがどう言うか分かりませんが、現時点の良子さんのお考えという事でお伝えしてみましょう。しばらく、控え室でお待ちください」

アドバイス　離婚訴訟は戦いだ〈人事訴訟〉

良子は、「裁判をしてでも取りたい」と調停委員に語ったが、当事者同士の話し合いがまとまらず、調停でも話し合いが成立しない。その結果、それでも離婚をしたいと考えた場合には訴訟をするしかない。それが裁判である。

その場合、わが国では『調停前置主義』が採られており、調停を経ずにいきなり裁判で離婚を争う事はできない。まず、夫婦関係調整の調停を申し立て、調停で話し合いが付かなければ、次の手段として訴訟（裁判）を申し立てる事になるわけだ。

調停の場合は、弁護士に委任する事なく本人が裁判所に出向いて調停の席に出席する事が多い。つまり、特殊な法律知識や手続きを必要としないから、本人だけで充分なのである。

もちろん、調停の段階から代理人として弁護士に委任するケースもあるが、代理人がついていないからといって不利な扱いを受けるという事はない。

前述の通り、訴訟に関して本人自身が訴訟手続きを進める事は一向に構わない。ただ、大山委員が言った通り、手続きが煩雑で相当の法律知識が必要となる。また、訴訟の帰趨も弁護士の訴訟技術によって左右される事が多いので、弁護士に委任するのが一般的である。特に相手が弁護士に委任しているのに、自分だけで立ち向かう事は何かと難しい問題がある。できれば弁護士に委任した方が良いだろう。

調停が基本的に話し合いなのに対して、訴訟は言うなれば戦いである。さらに、調停が当事者と調停委員、裁判官による調停室内での話し合いであるのに対して、訴訟は法廷という公開の場で行われ、傍聴人も居る事になる。つまり、夫婦間の紛争が第三者に公開されるわけである。

また、訴訟の紛争では法と判例に基づいて判断される事になり、当事者の合意さえ得られれば、弾力的な解決も可能な調停とは異なる事がある事を知っておく必要があるだろう。その上、弁護士費用や時間も掛かるのが訴訟である。

このように見ていくと、訴訟で解決する事は必ずしも良いとはいえない場合もある。できれば調停で解決する方向で考えていく事が得策だろう。

妻の要求に夫が反発

前回の調停で〝へそくり〟は無いと良子が言っている事を調停委員から聞かされたが、史朗にはどうしてもそれが信じられなかった。

（絶対に〝へそくり〟をしている筈だ。それもかなりある筈だ）

と確信しているのだが、その証拠を出せと言われると困ってしまう。証拠と言われても何も無いのだ。だが、この点だけは絶対に譲れない。

調停に疲れてぼんやりしていると、新婚時代の事や長女が生まれて大喜びした事、家を買うためにふたりで見て歩いた頃の事などを思い出してしまう。その反面、突然離婚を言い出し、調停にまで持ち込んだ良子に対して、改めて腹が立ったりもしていた。こんな事をひとりで繰り返しているからか、調停からくるストレスなのか、血圧がやや高めになっていた。

「史朗さん、体調は如何ですか？」

大山委員が尋ねてきた。

「えぇ……、ちょっと血圧が高くて気になっています」

「それはいけませんね……。お互いに成人病は避けて通れない年代ですからね。私も血糖値が高くて薬を飲むかどうか検討中なんです」

　病気の事を話題にした大山委員が続けた。

「ところで調停も今日で3回目です。離婚については双方異存が無いようですから、そろそろ条件について詰めていきたいと思っています。先ほど、良子さんとお話しました。良子さんのお考えはなかなか厳しいですね……。本来なら、史朗さんの過去の女性問題について慰謝料を請求するところだけれど、それをしないのだから預金や不動産の6割を貰いたいと言っています」

　さらに、菅野委員が言い添えた。

「言い分が通らなければ裁判をやっても良いと強硬な姿勢です。私たちとしては、まだまだ調整の余地はあると思っていますが、とりあえず現段階の良子さんの考えをお伝えします」

　菅野委員の口から裁判という言葉が出てきた上に、良子の主張を聞くと平静ではいられなかった。

「良子はまだそんな事を言っているのですか！　まったく、困った奴だ。向こうがそういう事を言うのなら、私も前回申し上げた〝へそくり〟について再度主張したいと思います。絶対に無いわけがないんです！　それもかなりあると思います。まずそれをはっきりさせてから分配を決めましょうよ」

「良子さんは無いと言っています。一体、幾ら位あると思われるのですか？」

「はい、少なくとも３００万円以上はあると思っています」

「前回もお話しましたが、”へそくり“を主張されるのなら証拠を出していただかなければなりません」

「良子は、預貯金のあるシラカバ銀行、アカシヤ銀行とは別の銀行に定期預金をしていると睨んでいます。それを裁判所の職権で調べていただけないでしょうか？」

「それは前にも言ったと思いますが、無理なんです。仮にですよ、可能だとしてもあるかどうかも分からないものは調べようがありませんよね？」

　大山委員に代わって、菅野委員から女性らしい質問をされた。

「良子さんは家計簿を付けていましたか？」

「いえ、付けていなかったですね」

なんだか、八方塞りに思えてきた。

「いずれにしても”へそくり“があると主張される史朗さんに証拠を出していただかないと、この問題は難しいですね。これは裁判になっても同じ事です。何か証拠になるようなものがないか、よく考えてみてください。では、財産分与についてはどうでしょうか？」

「他に良い方法が無いか一緒に考えていただきたいところですが……、財産分与についての考えを話します。マンション購入の際、私の親が頭金を400万円出してくれたのを思い出しました。これは良子も知っている事です。ですから、財産分与にあたってはマンションの時価からこの分は差し引くべきだと思っています。その上で、仮に〝へそくり〟に目をつぶるとしても、やっぱり私が6割を主張したいと思います！」

断固とした口調で2人の調停委員に主張した。

「良子さんは話がまとまらなければ裁判も考えたいと言っているのですが、史朗さんも裁判を視野に入れているのでしょうか？」

「いやぁ……、今のところそこまでは考えていません。できればこの調停で解決したいと思っているのですが……」

「なるほど。それではここでちょっとおふたりの主張を整理してみましょうか」

●妻・良子の主張

対象となる財産

・預貯金……………………2400万円

・不動産……………………1500万円

合計…………………………3900万円

これを次のように分配する
良子　60％……………………2340万円
史朗　40％……………………1560万円

●夫・史朗の主張

対象となる財産
・預貯金……………………2400万円
・不動産……………………1100万円
（不動産の時価から、頭金400万円を除く）
合計……………………3500万円
これを次のように分配する
史朗　60％……………………2100万円
良子　40％……………………1400万円
※マンションの頭金分は史朗の取り分となるから、史朗は実質2500万円
「金額的に見て、それぞれの主張にかなりの差がありますね。今回、これを調整するには差

があり過ぎるようです。史朗さんとしては裁判までは考えていないという事ですね？　私たちもおふたりのケースの場合、その方が懸命だと思います。そうすると調停で話し合いをまとめる事になりますが、お互いにもう少し歩み寄っていただく必要があります。今日はお互いの主張を持ち帰って、どの程度まで譲歩できるかを考えていただきましょう。ここまできたら現実的に物事を考えていく事が大切です。良子さんにも、同じ様にお願いしてみたいと思います」

考え込む妻

良子は控え室で、大山委員に言われた事について考え込んでいた。言われてみれば、確かに離婚を言い出したのは自分だし、できるものならなるべく早く調停に決着を付けて、この中途半端な状態を終らせたいと思う。それに調停によるストレスなのか、胃の調子が悪く体調自体も芳しくない。早く身も心も解放されたい気分だった。

１つだけ引っ掛かっている事があった。史朗の言い出した”へそくり“である。これは調停委員にも絶対に言うわけにはいかないのだが、実は約５００万円の”へそくり“があった。

黙っていれば絶対にばれる心配はないという自信があるし、史朗が証拠を提出する事は不可能だと思っている。自分にしてみれば、これがあるから慰謝料を請求しないのだという気持ちがあった。ただ、万が一という不安が心の隅にあり、それもストレスの一因に思えていた。

良子は菅野委員に呼ばれ、調停室に入っていった。史朗の主張を委員たちから聞かされたが、概ね予想通りでそれほど驚かなかった。

「マンションの頭金の件はどうなのでしょう？」

菅野委員から質問され、正直に答えた。

「それは主人の言う通りです。間違いはありません。私は500万円かと思っていましたが、よく考えてみると400万円ですね。でも、あの頭金の400万円は家を購入するお祝いという事で、ふたりが貰ったものだと理解しています。お祝い金にしては大金と思われるかも知れませんが、夫の実家は資産家ですから」

「なるほど。史朗さんにも申し上げたのですが、今回は双方の主張がかなり掛け離れているので、一旦双方の案をお持ち帰りいただいて、再度検討していただく事にしたいと思います。どうしても裁判だとおっしゃるなら、それは止むを得ませんが、おふたりの場合、裁判までして争うケースとは思えません。現実的にお考えいただいた方が良いと思います」

菅野委員も裁判の事に関して言葉を添えてきた。

「裁判は口で言うほど簡単な事ではありませんよ。裁判をするにはまず、弁護士に委任しなければなりません。必ず弁護士を頼まなければならないわけではありませんが、訴訟となるとかなり専門的な知識を要しますので、弁護士に委任する方が多いようです。そうすると弁護士費用が掛りますし、かなりの時間も掛かる事を覚悟しなければなりません。調停は非公開ですが、訴訟となると公開になります。それに話し合いを基本とする調停と違って裁判はある意味で戦いですから、離婚が成立しても後味の悪いものになりかねませんよ。裁判では、自分の主張が全部通るというものではありませんから、かえって調停で解決した方が良かったと思う事だって無いとは言えないんですよ」

良子は菅野委員の話を聞きながら、成り行きで裁判の事を口にはした事は話さなかった。

「お話は良く分かりました。夫の言い分を持ち帰って、よく考えてみたいと思います」

「そうですね、それが良いと思います。なるべく調停で解決するように努力してみましょう」

「あともう1つだけお伺いしたいのですが、マンションについては不動産会社の評価した時価という事で考えているのですが、もし夫が離婚した後でマンションを処分して、その額が1500万円を超えていたら、その差額は後から貰えるのでしょうか?」

「それは難しいですね。そうなると、もし処分額が1500万円を下回った時は、差額を逆に返すという事になりますね。ですから、その事を言い出すなら実際にマンションが処分できてから離婚するという事になります。そうなると離婚はしばらく先の事になってしまいますね。その辺りも含めてよく検討してみてください」

譲歩案を提示した夫

調停も第4回目の期日を迎えた。史朗は控え室でしきりに首筋を揉んでいた。血圧は依然として高めで、そのせいなのか肩も凝って仕方が無かった。

（今日で4回目か……、そろそろ終りにしたいものだ）

と前回の調停が終ってから、ずっと考えていた。

冷静になって振り返ってみると、ずいぶん良子にも苦労を掛けたと思った。熟年離婚という予想もしない結果になってしまったが、この先自分ひとりならそれほど金が要るわけでもない。マンションだってひとりでは広過ぎるから、処分してこじんまりした部屋を借りても良い。そう考えれば、マンションの頭金を除外するなどとは言わず、財産を折半して解決しても良いのかも知れない。そんな事を考えながら、調停室に入っていった。

「如何ですか？　よくご検討いただいたでしょうか」

大山委員の問いに答えた。

「色々検討した結果、”へそくり“の件は諦めました。未練がましいようですが、私としては”へそくり“があるに違いないという疑いを捨てきれずにいますが、残念ながら証拠の提出は無理です……。それで財産分与ですが、私としては折半という事でどうかと思っています。マンション購入の際、私の親が頭金を400万円出してくれた事は前回お話しして、良子もその事は認めていましたね。ですから、私としては財産分与にあたってはマンションの時価からこの分は差し引くべきだと思いましたが、私たち夫婦に対しての祝い金だと言われれば、それも一理あります。そこで前に話に出てた解決金という意味も含めて、その事には触れずに財産を折半するという事で如何でしょうか？」

ここまで話して、史朗はさらに続けた。

「前回の調停では6対4で私が6と申し上げました。それを半々にするという事ですから、かなり譲歩した事になると思います。私としては、”へそくり“の件を不問にする事も含めて、調停をまとめるためにかなり大幅な譲歩をしたつもりなので、その事を良子に分かって欲しいと思います。私なりに精一杯の誠意を示したつもりなので、何とかこの線で良子が応じてくれる事を願っているのですが……」

史朗の譲歩案を聞いて、大山委員が答えた。

「なるほど。これまでの史朗さんの主張と比べると、相当思い切った譲歩をされたという事ですね。具体的には、史朗さんが1950万円を良子さんに払う事になりますね。それでは早速この案を良子さんにお伝えしてみたいと思います。その前にお伺いしたい事があります。これまでは別々にお話を聴いて、それを相手に伝えながら調整を図るという進め方をしてきましたが、この辺で良子さんと同席して話し合うというのはどうでしょう？　もちろん、良子さんも了解しなければ無理なお話ですが」

「私は別に構いません。その時は、調停委員さんも一緒にいてくれるんですよね？」

「もちろん、私たちも同席します。感情的になって揉めるようでしたら、途中で中断する事も考えています」

夫の提案を受け入れた妻

史朗がどういう提案をしてくるのか、良子は期待と半ば不安の気持ちで控え室に座っていた。30分近く待っただろうか。その間に、良子はこれまでの流れを振り返ってみた。

離婚は自分が言い出し、それに対して史朗はかなり強硬に反対していた。調停になってからは、離婚の線で話し合う事に同意してきた。この点については、史朗が自分に歩み寄ってきた事になる。財産分与については、”へそくり“について言及してきた。”へそくり“は確かにあってその事は隠している。

マンションの頭金については自分の考えで間違っていないと思った。あの頃は夫婦仲も良かったので、史朗の両親が購入資金の足しにして納得する家を買いなさいと言ってくれたのだから、ふたりが貰ったと考えて良い筈だ。財産は6対4に分けて自分が6割を貰う事を主張したが、これは少し欲張り過ぎかも知れない。史朗の出方を見て、弾力的に対応して調停を早く終わらせる方向で考えるのが得策かも知れない。

幾らかこれまでの姿勢を反省しながら、そんな風に考えた。自分の権利ばかり主張する自分自身に少し嫌気もさしてきた。もし、史朗が相応の譲歩姿勢を見せるようなら、なるべくまとめる方向で話し合ってみようかという気持ちになってきた。

「いつもお手数をお掛けして申し訳ありません」

良子は呼びに来た菅野委員に頭を下げた。

「いいえ、これが私たちの仕事ですから。お話し合いが良い方向でまとまればと願っているんですよ」

菅野委員は微笑んでそう答えた。

調停室で史朗の提案を聞いた時、正直ほっとした感じだった。何より、〝へそくり〟の追求を諦めてくれた事が一番安心した。その上、マンションの頭金を含めて折半という提案は悪くない。

「今お聞きした夫の案ですが、私としては受け入れても良いかなという気がします。前回、6割は譲れない線だと申し上げましたが、色々考えてみてもやはり調停で時間を掛けないで解決する事が、私にとって一番良いのではという気持ちになってきました」

「そうですか。それではマンションについても、不動産会社の評価で進めて良いという事ですね？」

「はい。これから処分するとなると、離婚までは相当な時間が掛かってしまうと思いますので。その辺は割り切って考えたいと思います。それで、もしその案を受け入れた場合、いつ頃までに払ってもらえるのでしょうか？」

「そこまではまだ史朗さんに聴いていません。とりあえず財産分与についての考えをすり合わせたいと思いましたので。そのような細部については、史朗さんと同席して直接話し合うというのは如何でしょうか？　もちろん私たちもご一緒します」

大山委員から、思いがけない提案をされた。

「……夫が良いと言うのなら、私は構いません」

「せっかくお互いに歩み寄ってきたところです。顔を合わせた途端、また感情的になって振り出しに戻るなんていう事にはならないでしょうか？　もしその危険性があるとご自分でお感じになるなら、今まで通り、別々に調停を進めて行った方が良いと思います」

ふたりで話し合っていた時の史朗はかなり感情的だった。今はどうなのだろうか。確かに大山委員の言う通り、振り出しに戻る可能性が無いとは言えない。でも、このまま会わずに別れてしまえるほどの他人に、史朗の事を思えない気持ちも少しは残っていた。

「少なくとも私の方は大丈夫です。今なら冷静に夫と話しができると思います」

「そうですか。では裁判官にも報告して、同席調停にしたいと思います」

「よろしくお願いします」

良子は、２人の調停委員に頭を下げた。

同席調停

長方形の机の両端に史朗と良子が向かい合って座った。大山と菅野の両調停委員も同席している。ふたりは同席での話し合いに同意したものの、改めて向かい合ってみると何となく固くなって、なかなか口を効けないでいた。そんな様子を見て大山委員が促すように言った。

「おふたりとも久し振りにお会いになって緊張されているかも知れませんが、せっかくここまで話し合いが進んできたのですから、もう一歩詰めてみましょう。史朗さんの主張は良子さんにお伝えしてあります。良子さんは基本的に史朗さんの案を受け入れようというお考えです。史朗さん、何か補足する事はありませんか？」

史朗が少し照れ臭そうに口を開いた。

「暫らくだな。変わりはないのか……」

「ええ、私は元気にしています。あなたの方はどうです？　少し痩せたようですが……」

「血圧がちょっと高いけど、たいした事はないから大丈夫だ。ところで、俺の方の提案は聞いてくれたと思うけど、どうだろう？　冷静になって考えてみると、今までずいぶん世話になったと思うし、俺としてはできるだけの事はしたいと思って考えたんだけど……」

「私の方もずいぶん感情的になってしまったなぁと思っています。でも、もう一度やり直す気はありません。ここまできたらお互いになるべく気持ち良く別れたいと思っています。あなたが色々譲歩してくれた事は、調停委員の方の説明でよく分かりました。ただ、もう一度持ち帰ってよく検討してみたいので、ここで結論を出すつもりはありません……」

「うん、分かった。俺の方も今日決めてくれとは言わないよ。よく考えてみて欲しい。お互いに憎みあって別れる事だけはしたくないから」

「それでもし、この案を私が受け入れた場合、実際のお支払いはどうなりますか？」

別れる妻に幾らかの優しさを見せる史朗に対して、良子はとても事務的だった。

「決まった場合は先送りしても仕方が無いから、なるべく早く、例えば1か月以内に払うとか、そういう事で決めたいと思っているんだけど。お前の預金口座に振り込むという事でどうだろう？」

「それで構いません。あと、家財などはどうしましょう？　もうある程度は持っていきましたから、大きな物としては洋服ダンス位かと……」

「それは構わないよ。その辺は調停が解決してからでもふたりで決められると思うよ。生命保険はお互いの名義のものはそれぞれ持っていくという事で良いんじゃないかな」

「本当は今日決めてしまえば良いのでしょうが、すぐに決めてしまうのが不安なので、もう一度だけ考える時間をください。考えが極端に変わる事はないと思いますので」

「分かった。なるべくこの次で終りにしよう」

離婚調停成立

「間もなく裁判官が入ります」

と、大山委員が史朗と良子に伝えた。

ふたりは、5回目の調停で離婚に合意した。初めて良子が離婚を言い出してから、8か月が経過していた。一時はふたりとも感情的になって、ずいぶん険悪になった時期もあった。調停が始まってからも、激しく対立した時期もあった。しかし、時間の経過に伴って、お互いに冷静になり、かつ現実的にものを考えられるようになってきた。

ドアが開いて、1組の男女が入ってきた。調停委員から担当裁判官は女性だと聞いていた。史朗と良子は急いで立ち上がって、裁判官に一礼した。

「担当裁判官の沢口です」

裁判官がてきぱきした口調で言った。

「お話し合いが合意に達したと報告を受けました。これからおふたりが合意した内容をまとめた調停調書を書記官が読み上げますから、よく聞いてください。もしも内容に疑義があったら遠慮なく申し出てください」

裁判官に促されて、書記官が書面を読み上げた。内容は次の通りであった。

第一条　中立人と相手方は離婚する

第二条　相手方は離婚に伴う財産分与として、金1950万円の債務がある事を認め、これを平成18年12月末日限り、日本安心銀行ツバメが丘支店の中立人名義普通預金、口座番号＊＊＊＊＊に振り込んで支払う

第三条　当事者双方はこれを以って離婚に伴う紛争が全て解決した事を認め、今後互いにいかなる財産上の請求もしない

「以上ですが、よろしいでしょうか？」

裁判官が双方に尋ねた。

史朗も良子も緊張した顔で、「はい」と答えた。

「それではこれで調停が成立しました。おふたりの離婚はただ今成立しました。今後の事務的な事については、書記官の方から説明があります」

そう言うと、裁判官は立ち上がって調停室を出て行った。

「良子、これまで色々と有難う。これで私たちは離婚する事になったが、これからも何か困った事があったら遠慮しないで相談してください」

史朗が改まった口調で言い、頭を下げた。

「私の方こそ、色々我がままを言ってすみませんでした。あなたも体調を崩したりして困ったら連絡してくださいね」

良子も感慨深げに頭を下げた。

「ではこれで調停は終わりました。おふたりとも大変お疲れ様でした。裁判官が言われたように、離婚は今成立しました。あとは良子さんの方から調停調書に基づいて区役所に届けていただく事になります。その手続きについては、書記官から聞いてください」

大山委員が微笑みながら言った。菅野委員もほっとしたように頷いていた。

「本当にお世話になり、有難うございました」

史朗と良子は、口々に言って頭を下げた。

【解説】熟年離婚はなぜ増える

（1）人生50年は昔の話

小川夫婦の物語も団塊の世代、そして年金分割が絡んだ離婚調停となっている。だが、熟年離婚が増加する理由は２つの「２００７年問題」だけではないだろう。

まず考えられるのは、寿命が伸びた事が挙げられる。昔は人生50年と言われた。今50歳と言えば、男性なら定年まであと10年も15年もある。人生で最も充実した時期と言えるかも知れない。女性で言えば子供が独り立ちし、やれやれと思う頃が50歳から60歳。人生が50年なら、子育てを終えればもう死ぬ準備という事になるが、今は人生80年を超える時代である。

50歳を過ぎてもまだ30年以上あるわけだから、これからが第2の人生として大事なところだ。その上、昔なら子供が4人、5人というのは当り前だった。それが今では1人か2人、多くても3～4人といったところだろう。子育てを終える時期も早くなっているし、自分の事を考える時間や自分に費やせる時間も早くやってくるわけだ。そうすると、その生き方そのものを考えるようになってくる。今までは夫と子供のために生きてきた人生、残りの半分は自分のために人生を送りたいと考える女性が増えてもおかしくはない。

(2) 夫と妻の温度差は大きい

第2に女性の地位向上が著しい事が挙げられる。昔は女性の一生は耐える一生だったと言えるだろう。しかし、現在は女性がその権利を堂々と主張できる時代である。最近は女性の社会進出も一段と進み、自立性も高まってきた。

専業主婦でも家事労働の貢献度が認められるようになったから、夫婦で形成した財産に対して、離婚の際の財産分与が主張でき、年金の分割も主張できるようになる。それに加えて男女の温度差の問題がある。

ある調査によると、夫の妻に対する愛情と、妻の夫に対する愛情の間にはかなりのギャップがあるらしい。夫の妻に対する愛情は、年数を重ねても余り変化が無いが、これに対して、妻の夫に対する愛情は年数を重ねるごとに冷めてくると言うのである。すなわち、妻が居ないと寂しいと考えている夫が多いのに対して、逆に夫と一緒に幸せになるのが最大の関心事と考えている妻の割合はずっと低いのである。

仕事一筋にきた夫は、定年を迎えると張り詰めていた気持ちがふっと緩む。「長年頑張ってきたが、とうとう定年を迎えたか」と、ほっと一息ついて、「さて、しばらくのんびりして、今後の事はゆっくりと」などと考える。いわゆる『充電期間』である。「長年苦労を掛けてきた女房と海外旅行にでも行こうかな」と考える夫も少なくないだろう。ところが、その頃妻は、子育てから開放され「さあ、これからが私の人生よ」と張り切っている。のんびりしたい夫と、張り切っている妻のギャップは大きいのだ。「海外旅行にでも行こうか」と言う夫に対して、妻は「嫌だ」と言う。「あなたと一緒に行く位なら、友達と行った方がずっと楽しい」と言うのだ。旅行中も世話を焼かなければならない夫との旅行などもう沢山と言うわけなのである。

それに加えて、妻から見た夫は、かつては若々しく輝いていたのに、今はくたびれて生気を失った存在に見える。かつての輝きはどこへいってしまったのかと思う。これから先も魅力を失った夫の面倒を見ながら暮らすのは真っ平だと思う妻が決して少なくない事実を夫側は認識するべきだろう。

（3）2つの2007年問題

このように、色々な角度から熟年離婚が増加する要因が整ってきた。その上、団塊の世代の大量定年と離婚に伴う厚生年金の分割開始という2つの「2007年問題」が間近となった。熟年離婚が、この問題をきっかけに飛躍的に増加する可能性は充分に考えられるだろう。

事実、過去一貫して右肩上がりで伸びてきた離婚が、この3年ほど逆に減少している事は前に触れた。それでは現実に離婚紛争が減少しているのかといえば、どうもそうではないのだ。これは明らかに厚生年金の分割受領が認められる2007年を待っている女性がいて、それまでは離婚を言い出さずに我慢をしようという事のようである。現に女性誌などでは、離婚は2007年まで待ちなさいとアドバイスをしているものもあるほどだ。

このように見てくると、2007年は世の熟年男性にとって、試練の年になる可能性がある。この事を肝に銘じる必要があるだろう。

第2章

ケースに見る熟年離婚の原因

熟年離婚の様々な原因をケース研究の形にしてみた。ここに取り上げたケースは、現実にあったものではない。考えられる様々なケースを検討し、構成したフィクションである。しかし、現実的に起きる得る熟年離婚の原因として充分に考えられる事例なので、参考にしていただきたい。

【ケース1】夫の不倫と暴力を許さない妻

●夫／博　（59歳）　元地方公務員
●妻／和子　（55歳）　専業主婦
○子供は2人、既に成人して独立

地方公務員だった博は現在59歳。性格は真面目で、どちらかというと仕事人間であった。専業主婦で4歳年下の妻、和子との間には2人の子供がいる。長男は大学を出て社会人となり、長女は昨年結婚した。したがって現在、家には夫婦ふたりだけである。

真面目な博ではあったが、15年ほど前に部下だった高村直美と不倫関係に陥った過去がある。役所の歓送迎会の後、スナックで偶然２人だけになり、飲むほどに意気投合して成り行きでホテルへ行ってしまった。それ以降、月に１～２回の頻度で男女の関係を続けていた。その関係を知って嫉妬した男性部下が妻の和子に密告し、不倫がばれてしまった。

当然、不倫問題を巡って言い合いとなった。和子から激しくなじられた博は自分の弱みも手伝ってカッとなって殴ってしまい、和子に軽い怪我をさせてしまった。激怒した和子は、まだ中学生だった２人の子供を連れて実家に帰る騒ぎになった。

妻に怪我をさせた事、実家に帰った事に頭を抱えおろおろする博を見て、不倫相手の直美は愛想を尽かし、その関係は終結した。不倫関係が無くなったからといって、和子の怒りは収まらなかった。博は和子の実家に出向き、何度も頭を下げてようやく戻ってきてもらった。

その後しばらくの期間、ふたりの関係はぎくしゃくしたが時間の経過と共にそれも落ち着き、表面上は普通の夫婦関係を保ってきた。博はこの15年の間に妻の怒りも収まり、許してくれたと思って過ごしてきた。

ところが和子は許してはいなかった。不倫に加え、暴力によって怪我をさせられた事は心に深い傷跡を残していた。不倫問題が起きた時は、まだ子供が中学生だった事もあって一旦矛を収めたものの、いずれ子供たちが社会人になったら離婚する事を考えていた。そのために、博に殴られた時に直ぐに病院へ行って打撲の診断書を書いてもらっていた。不倫の証拠類も将来の離婚紛争に備えてしっかり集めていた。子供たちには折に触れて自分の考えを伝えていたので、すっかり母親の味方になっていた。将来の離婚に備えて蓄えも少しずつしてきたが、それは年月の経過と共にまとまった額になっていた。

夫の世話は変わらず続けてきたが、内心は嫌で仕方が無かった。中でも夫の汚れ物を洗うのが、ひどく苦痛だった。当然、セックスレスでもあった。長男も社会人となり、長女も結婚した。子供たちの心配が無くなったのを機に、いよいよ離婚に踏み切ろうと和子は考えていた。そういう妻や子供たちの考えている事を全く気付いていないのは博だけだった。しかしそんなある日、博が軽い脳梗塞で倒れてしまった。自分の中では充分に機は熟しているが、病気の夫を残して離婚に踏み切るか、それとも見合わせるか、和子は真剣に悩んでいる。

アドバイス

不倫や暴力は、女性にとって当然忘れられない深い心の傷として残る。たった一度の浮気だからとか、たった一度手を上げただけだからというのは夫側の言い分であり、加害者側の理論なのである。中には心の傷に蓋をして割り切ってくれる妻もいるだろうが、多くは「たった一度」の事でも許す事のできない深い傷跡が残る。例え夫が誠心誠意謝ったとしても、それで妻の気持ちが完全に治まるものではない。大きなわだかまりとなって、心のどこかに残っている。表面上は許されたように見えても、実際はそうではない場合が多いのである。色々な事情から自分をなだめて、ひと先ず平常の生活に戻ったとしても、完全に納得したわけではないから、それはいつか火を噴く可能性を秘めている。妻が許してくれたと思い込み、時間と共に自分が犯した事件の存在すら忘れていると、取り返しの付かない場合もある事を夫は覚えておかなければいけない。

【ケース2】言葉の暴力に悩む妻

●夫／茂（58歳）中小企業の経理部長
●妻／洋子（51歳）専業主婦
○子供なし

茂は元大手企業の経理部長で、妻の洋子とは職場結婚だった。茂が42歳、洋子が35歳の晩婚だった。茂は結婚当初からお金や物事に何かと口うるさかったが、洋子は結婚生活とはこんなものかなと思っていた。だが、歳を重ねるごとに茂は一層お金に細かくなり、口うるささも酷くなる一方で、洋子はうんざりしながら生活を続けていた。

茂が50歳の時、仕事で取り返しの付かない失敗を犯して閑職に追いやられてしまった。その頃から茂の口うるさは一段と酷くなり、洋子にさらに当たるようになってきた。閑職に追いやられた不満もあって、職場で上司や同僚ともトラブルを起こし、とうとう居たたまれなくなって会社を辞めてしまった。

退職後、知り合いを頼って小さな印刷会社に経理部長として就職した。しかし会社の規模も小さく、かつては大手企業の経理部長だったというプライドもあり、茂にとっては余り居心地の良い職場ではなかった。給料も前の会社に比べるとかなり安かった。でも生活の事を考えると辞めるわけにもいかず我慢して勤務していたが、その分家庭での洋子に対する風当たりは一段と厳しくなった。

結婚以来、夫の茂がお金の管理をし、給料の中から月々の生活費を妻に渡していた。自分の仕事柄もあるが、生活費の使い方にいちいち細かく口を出し、買い物のレシートや冷蔵庫の中までも毎日のようにチェックし、余計なものを買いすぎると責めた。「家計のやり繰りも、家事のやり方もだらしない！」というのが夫の言い分で、「誰のお陰で飯が食えると思っているんだ！」と言うのも口癖だった。「お前の実家ではどういう育て方をしていたんだ！」、「器量も悪いし、全く気が利かない」などと罵られる事もあった。体調を崩せば自己管理がなっていないと怒られた。茂は手を上げる事はなかったが、言葉で妻を責めているうちに、興奮して壁を叩いたり、物を投げて壊すなどという事が度々あった。洋子はひたすら小さくなって毎日を過ごしていた。

ある時に臨時の出費があって、貰っている最低限の生活費ではどうしても不足してしまうので夫に頼んだところ、散々厭味を言われたあげくお金を投げて寄こされた。我慢の限界にきた洋子は、家を出て離婚調停を申し立てた。

調停では離婚と慰謝料を請求する洋子に対して、夫の茂は「勝手に出て行って何を言うか！　離婚など認めないし、慰謝料は家庭を放り出した妻の方が払うべきだ」と主張し、激しく対立した。

しかし調停委員から、茂の言動は客観的に見て『言葉の暴力』であり、それに加えて壁を叩いたり物を壊したりする行為も、いわゆるＤＶ（ドメスティック・バイオレンス）に該当すると指摘された。また、洋子からは調停が駄目なら裁判に持ち込む決意であるとの意思表示があった結果、プライドが高く世間体も気にする茂は、離婚と分割払いによる慰謝料の支払いに同意して調停が成立した。

アドバイス

ＤＶ（ドメスティック・バイオレンス）、すなわち家庭内暴力による離婚事件が非常に増えていて、関連の調停事件も増えている。ＤＶ絡みの事件は、裁判所の中で暴力事件を起こされると大変なので、調停でも非常に神経を使う事になる。控え室はもちろん、調停室も別々にして、絶対に当事者同士が顔を合わさないように配慮する。また、ＤＶ被害者の中には、夫から逃げ出して安全な場所に身を潜ませている場合もあるから、住所や電話番号などは本人の了解を得ない限り絶対に教えない。というのも、ＤＶの夫は身を隠した妻を執拗に探し出そうとする者が多いからである。

ＤＶ事件の難しさは、少し話を聞いた位ではなかなか実態が分かり難い。それは、ＤＶの男性は意外に外面が良く、むしろ一見暴力を振るいそうもない人が多いからだ。また、社会的にも信用のある地位にある人が、家庭ではＤＶ夫だったりする事がある。だから、初対面では本当にこの人がそういう夫なのだろうか、妻の話は大げさなのではないだろうかなどと思ってしまいかねない。多くの場合、ＤＶ夫は暴力について「普通の夫婦喧嘩程度」という言い方をする。また暴力の程度についても、「ちょっと小突いた位」と些細な事にしてしまおうとする。

ＤＶというと殴ったり蹴ったりの暴力を考えがちだが、『言葉の暴力』も立派な家庭内暴力である。事あるごとに、「誰のお陰で飯が食えると思っているんだ！」「お前みたいな役立たずにやる金はない！」「お前みたいな不細工な女とは一緒にいたくない！」というように、言葉で苛めるケースが家庭内暴力として離婚原因になる事がしばしば見られる。

『言葉の暴力』を指摘される人は、「私は手など上げた事はありません。家庭内暴力などと言われる覚えはありません」と主張するがそれは通用しない。直接相手に手を上げる事はないが、物に当たる、壁やドアを叩く、食器や花瓶などを投げるなどの行為もＤＶに該当する。これらの行為も体力に劣る女性に対しては、相当の恐怖感を与えるものだ。

これとは逆に女性の暴力として、包丁を振り回すというのがある。これは男性の暴力に対して、肉体的に劣る女性が対抗する手段として包丁を握るという場合が多い。だから、何故女性が包丁を振り回したのか、その原因を探る必要がある。女性の場合は、むしろ陰湿な行為が目立つ。例えば、夫のネクタイや背広を切り刻む、夫の飲み物に異物を混入するなどである。これは夫の不倫などの行為に対して、よく見られる事がある。

総じて、女性の暴力は男性の何らかの行為に対抗する場合が多いが、男性の暴力は外でのストレスを解消するために行われる、自己中心的なものが多いと言えるかも知れない。しかし、妻の方が純粋に暴力を振るい、夫が傷だらけになって逃げ回るというケースもあるから世の中は様々である。

【ケース3】夫の束縛に耐え切れない妻

●夫／進　（68歳）　元高校教師
●妻／幸子（45歳）　専業主婦
○子供なし

10年ほど前に妻をガンで亡くし失意の日々を送っていた進は、教え子たちのクラス会に呼ばれた。その時に、出席者のひとりだった幸子と出会った。

幸子は学生時代から美人だったが、バツイチでその時は独り身だった。寂しいひとり暮らしが続いていた進は、幸子の若々しい美しさがすっかり気に入り交際を申し込んだ。最初は20歳もの年の差に断っていた幸子だったが、進のかなり強引な姿勢に徐々に引かれて付き合いが始まり、1年後にとうとう結婚する事になった。

結婚後も進は幸子が可愛いくてたまらず、妻の欲しがるものなら何でも買って与えた。進はもともと贅沢しない性質で、亡くした前妻もしっかり者だったのでかなりの預貯金があり、それに加えて結婚して間も無く、進は定年を迎えたのでかなりの退職金があった。

娘ほども年下の妻を進は真綿で包むように大事にしてきた。だが、幸子には不満があった。進が自分の目の届かないところへ外出するのを嫌ったことだ。どこに行くにも夫が付いてきた。同級生の集まりなど、一緒に付いて行けない場所への外出を許さなかった。それに加えて夫の嫉妬深い事もさらに悩ませた。新聞の集金の人、クリーニング屋の男性店員など、自分以外の男性と話しをするだけで機嫌が悪くなった。その嫉妬深さに対して嫌悪感を示すと、妻の機嫌を取るためにバッグやアクセサリーなどを買い与えた。進は妻を自分のための「籠の鳥」にしたかったのである。しかし20歳も若い妻にしてみれば贅沢な生活よりも、自分だけの自由な時間が欲しかった。

そうして、さすがの預金も妻に贅沢をさせているうちに底を尽いてきた。そうなると、自由を束縛されている妻との間で、しばしば喧嘩が起きるようになった。進は自由を束縛する代わりにかなりの我ままを許していた。そういう背景もあって喧嘩になると妻が一方的にわめきたて、進がひたすらなだめる展開になるのが常だった。喧嘩の原因は、ほとんどが友達と出掛けたい妻の要求を進が認めないところにあった。

喧嘩の頻度が増し、いつもはなだめていた進も我慢し切れなくなり、いつになく激しい言い合いになった。抵抗されたのが思い掛けなかったのか、妻は半狂乱になって直ぐに荷物をまとめて家を出てしまった。数日後、進の外出中に主だった家財が運び出された事によって、妻が相当に本気である事を知らされた。行きそうな所を探し回ったが行方は分からなかった。その1か月後、裁判所からの呼び出し状が進に届いた。離婚調停の呼び出し状だった。裁判所での話し合いは全く噛み合わなかった。進は離婚には応じられず、《関係修復》を求めるばかりだった。進にしてみれば預貯金は底を尽き、残っているのは妻だけだったのである。妻の主張は、夫が長年にわたって自分の自由を束縛してきた事、最近は喧嘩状態が続き夫婦関係は事実上破綻していた事などで強硬に離婚を主張し、慰謝料も請求してきた。

これに対して進は、結婚以来ずっと贅沢を許してきた事、最近喧嘩は多かったが現在も妻への愛情は全く変わらないので離婚には応じられない事、もちろん慰謝料を払う気など無いし、そのお金も無い事などの理由で《関係修復》を求める事を主張した。

話し合いの回を重ねても調停は平行線をたどり結局不調に終った。妻の離婚の決意は変わらず、訴訟に踏み切る構えである。進の手元には預貯金はほとんど残っていない。一方、妻の方は婚姻期間中にしっかり〝へそくり〟を貯めこんでいたようであるが、その実態は分からない。進はこの先に希望も持てず、惨めな気分でひとり佇んでいる。

アドバイス

ことわざに『釣り合わぬは不縁のもと』というのがある。今は余り考えられないが、昔は結婚の際に家柄が釣り合わない時などに使われた。最近では、育った環境が余りにも違うという事で婚姻関係がうまくいかないケースをよく目にする。

一概には言えないが、歳が離れすぎている場合も、しばしば婚姻関係の妨げになる事がある。女性が年上の場合も無い事は無いが、通常は父娘ほども歳の離れているような場合である。夫は妻を溺愛し、だんだん妻は我ままになっていく。夫は若い妻が別のもっと若い男性を好きになるのではないかと気が気ではない。

このケースはそういうところから生まれてくる悲劇である。女性は一般に、一度嫌いになるとどんどんエスカレートする傾向がある。心理的な〝嫌い〟が、生理的な〝嫌悪感〟につながっていく。こういう事は男性には無く、男は心理的に〝嫌い〟でも、肉体的には〝平気〟な面がある。女性の場合は、嫌いになったら「その人と同じ空気も吸いたくない」とか、「その人の温もりの残った椅子には座りたくない」という事になってしまう。

自由を過度に束縛するなどは所詮無理な事で、無理は破綻の原因となる。夫婦はお互いの事を理解し、思いやる事が大切である。

【ケース4】性の不一致を我慢してきた妻

●夫／清　（61歳）　警備保障会社勤務
●妻／美智子　（57歳）　専業主婦
○子供は2人、既に成人して独立

美智子が別居を申し出た時、清は正直なところ驚いた。別居を求められるような心当たりが全く無かったからだ。

清は警備保障会社で警備員の仕事をしているが、以前は自衛官で中堅幹部の地位に就いていた。自衛隊で鍛えられたがっちりとした体形、思った事は即行動に移すという積極的な性格だが、人の事を思いやるような細やかさには欠けたところがあった。

美智子は細身の小柄な女性で、どちらかといえば無口な方であった。故に、家庭は何事も清のペースで進んできた。自衛官時代に転勤で二度ほど単身赴任をした事もあったが、概ね家庭では妻が黙って夫に従うという感じだった。そんな亭主関白な感じではあったが、美智子が不平不満をもらす事もなかったので、自分たちは世間並みのごく平凡な夫婦だと思っていた。

清にとって多少の不満があるとすれば、妻がセックスには消極的で自分の性欲を充分に満たしてくれているとは言い難かった事である。61歳の現在も性欲は至って旺盛な方であった。それについて清は風俗店などに行って満たされない性欲の処理をしていた。その事は美智子も承知していたが、特に文句を言われたともないので了解してくれていると思っていた。

また、清はアダルトビデオの観賞が趣味だった。週末には必ず数本のビデオを借りてきて楽しんでおり、妻が少しでもその気になってくれたらと思い、一緒に見るように言う事も多かった。美智子は仕方無く一緒に見ていたが、清は妻がどんな気持ちで見ているのかなどは考えた事もなかった。

美智子から別居の申し出があった時、清は「何を考えてるんだ、理由を言ってみろ！」と怒鳴り付けた。しかし美智子は押し黙って何も返事をしなかった。これまでも何か揉め事があった時は、清が怒鳴って美智子が黙り込むというのが常だった。

ただ今回は、清も怒鳴りながらも内心は不安だった。熟年離婚が最近増えているという事は何となく知っていたからである。考えてみれば最近、無口な美智子の口数がより一層少なく、笑う事も滅多に無い事が気にはなっていた。

しかし美智子が黙り込んでしまったので、別居の話はそれで終りになった。それから何事も無く2、3日が過ぎるうちに、美智子は更年期障害からくる一時的な情緒不安定だったのではないかと清は考え、幾らか気にはしながらも別居の話は再燃しないだろうと思っていた。ところが2週間ほど過ぎたある日、仕事から帰ると「長い間お世話になりました」という置手紙を残して美智子の姿が無かった。慌てて心当たりを探したところ、美智子は自分の姉のところに身を寄せている事が分かった。電話口にも出てこないので、義姉に戻るよう伝えて欲しいと頼んだ。だが、妹は若干のうつ状態で心療内科に通院しているので、少しそっとしておいて欲しいと告げられた。仕方が無いのでしばらく様子を見る事にした。

それから1か月後、裁判所から離婚調停の通知がきた。指定された日、ろくに話し合いもしないで調停とは何事かと、憤慨して裁判所に出掛けた。そこで調停委員から思い掛けない内容を告げられた。

美智子は清の強い性的欲望に悩まされており、若い頃は耐えられたが50代も後半に入った現在では我慢の限界に至ったというのである。清がしばしば風俗店に通っていた事は自分が性交渉を好まなかったから止むを得ない事であるが、風俗店で覚えてきた事を自分に強要するのが耐えられなかったと主張した。また、アダルトビデオを一緒に見る事も強要されたが、自分はそれが苦痛で仕方が無かった。さらにビデオ鑑賞の後、必ず性交渉を求めてくるのも耐えがたかったと主張した。これらの事を我慢しているうちにうつの傾向になり、心療内科に通院するようになった。医者からもうつの原因は夫との生活にあると言われている。これ以上、夫婦関係を続ける事は困難なので離婚したい。離婚に際しては財産分与の他に、これまでの精神的苦痛に対して慰謝料の支払いを求めるというものだった。

調停の申し立てがあってから清は、警備の仕事にも熱が入らず失敗ばかりしていた。確かに妻を思いやる気持ちに欠けていた事は認めるが、それを反省して何とかやり直したいというのが強い要望であった。しかし美智子の意思は固く、今さらやり直す気持ちは全くない、調停で離婚の話し合いがまとまらなければ離婚訴訟に踏み切る予定で、弁護士にも相談している。弁護士はいつでも委任を引き受ける体制にあるという強硬な姿勢である。清は土下座してでも離婚は避けたいほどの気持ちで話し合いの継続を望んでいる。離婚の方向であれば話し合う気持ちはないし、ましてや慰謝料を払う気もない。

調停委員からは再三、美智子の離婚への固い意思を伝えられた。このまま平行線では調停が不成立に成らざるを得ない事、その場合、美智子が訴訟に踏み切る可能性が高く、そうなると夫婦間の性的な問題が公開の法廷で明らかになってしまうので、なるべくこの非公開の調停で解決した方が良いのではないかとアドバイスされている。

アドバイス

性の不一致は離婚の大きな要因の1つでもある。どちらかといえば、若い夫婦間においては夫側が妻の欲求に応えられないセックスレスのケースが最近は比較的多いようである。女性の出産後に「妻が子供の母親にしか見えず、女性として見る事ができなくなった」として、セックスレスになってしまう例などをよく目にする。

このケース研究は熟年の性の問題である。夫は60代になっても衰えない性的欲求の強いタイプで、一方の妻は性的には消極的なタイプであった。しかし元来〝俺について来い〟タイプの夫は、性交渉においても自分のペースで進めていく。自己中心的で妻の気持ちを配慮する事が無い夫に対して、ずっと耐えてきた妻が我慢の限界に達して反旗を翻したケースである。

妻が不平不満を抱きながら我慢して生活している事を、夫はほとんど気付いていない。むしろ自分の家庭は上手くいっていると思い込んでいる。家庭内の大部分の事が自分ペースで進んでいくので、夫にとっては甚だ居心地の良い場所である。仕事や職場では色々なコミュニケーションに気を遣う男性も、家庭ではその気配りをしない人が多い。外で周囲にあれこれ気を遣い、家に帰ってまで気を遣っていられるかという事だろう。ただ、自分にとって居心地の良い家庭が、妻にとっても居心地が良い家庭だとは限らない。

さて、性の問題は我が国では昔からタブー視され、オープンに語られる事が少なかった。最近でこそ性の問題はかなり（場合によっては過剰に）露出されるようになってきたが、夫婦間の性についてはやはり公然と語られる事はなかなか無いし、他人に余り踏み込まれたくない領域とも言える。自分の性癖について公の場で論じられるなどという事は、男性にとってできるだけ避けたい事である。まして、妻がそれについてどう思っているかなど考えない男性にとっては、妻の気持ちは分かりようもないし、このケースの様に分かろうともしていないのである。

還暦も過ぎてからの離婚は何としても避けたいところであるが、さりとて話し合いが付かずに裁判となり、夫婦の性的問題が白日の下にさらされるのも何としても避けたい。このケースの夫・清としては、まさに進退窮まったというところであろう。妻の決意の固さからすれば離婚は避け難い。調停委員のアドバイス通り、腹を括って離婚の方向で話し合いを進める事が最善の選択だと思われる。

【ケース5】姑と合わない妻

●夫／和夫（59歳）金融機関勤務
●妻／明美（55歳）パート勤務
○子供は3人。2人は成人し別居、末っ子は大学生

和夫は信用金庫の営業本部の部長である。妻の明美はブティックでパートをしている。家には和夫の母親が同居しているが、嫁姑の関係は余り良くなかった。和夫は父親を比較的早くに亡くし、ひとり息子だったので長い間母親とふたりで暮らしてきた。明美と結婚した後は、母親もまだ若かったので気詰まりな生活を嫌い、新婚夫婦とは別々に暮す事になった。たまに顔を合わせる嫁と姑は、割と上手くいっていたので和夫は安心していた。というのも、母親も明美もどちらかといえば気が強い方だったので、嫁姑の関係が上手くいくかどうかとても心配だった。

数年前に母親が階段を踏み外して腕を骨折したのを機に、同居する話が具体化した。子供たちもそれぞれ大きくなり、大学生の末っ子を含めて家を出ていて部屋が空いていた。母親

もかなり高齢になってきたので一緒に住もうという事になったのである。同居当初は母親も妻も遠慮し合った感じではあったが、互いに気遣いうまくいきそうな気がした。しかし、生活に慣れるほどにだんだんふたりが衝突し始め、その事が原因で夫婦喧嘩も増えてきた。和夫と明美は、喧嘩になると互いに手を出し、取っ組み合いになる事も多かった。

明美は、姑と1日中顔を付き合わせるのが良くないと考えてパートに出る事にした。和夫としては老い先短い母親のために、妻がもう少し遠慮して欲しいと思っていた。一方の明美は、何かに付けて母親をかばう夫の態度が気に入らなかった。

ある時いつものように母親の事で夫婦喧嘩になり、和夫は自分と母親とどっちが大切なのかと明美に迫られた。和夫は母親の方が大事だと答えた。怒った明美は身の回りのものをまとめて家を出てしまい、離婚を要求してきた。和夫も離婚は仕方が無いと考え、ふたりは何回か話し合いをした。いつも互いに感情的になって喧嘩別れになるのが常で、ついに明美は調停の申し立てをした。こうしてふたりの紛争は調停の場に移された。

和夫は明美が出て行った後で預金を調べると、意外に少ない事を知った。明美が家を出た時に多額の預金を下ろしたのかと思ったがその形跡は無かった。金の管理を任せきっていたのを後悔しつつ、預金関係を過去に遡って調べてみた。自分の勤める信用金庫の口座なので調べるのは容易だった。日々の生活状態と比較すると、どう考えても出金の額が多いように思えた。定期預金になっているかと思ったが定期預金はそれほど残っていない。和夫の結論は、相当な金額が”へそくり“として他の金融機関に預け替えされているに違いないという事だった。和夫の計算ではその額は５００万円を下らないと思えた。

”へそくり預金“の公開を要求する和夫に対して、明美は全面的に否定した。子供が３人もいて、そんなゆとりがあるわけがないというのが言い分だった。和夫が過去の預金の出入りから疑問のある出金を抽出して説明を求めても曖昧な回答しか戻ってこず、妻への不信感は解消されなかった。明美は隠し預金は一切無い、あると言うなら証拠を出して欲しいと要求した。その上で、財産分与として明らかになっている預貯金と、目前に迫った退職金を加えたものの半分を要求してきた。

和夫としてはどこかにあるに違いない”へそくり預金“も含めて、預貯金、退職金の全体を折半するという考えなのだが、証拠を出せと言われるとお手上げであった。離婚紛争の原因が自分の母親にあるので、訴訟なども含めて余り見苦しい争いにはしたくないと考え、妻の主張を呑まざるを得ないかと思うものの釈然とせず、解決に苦慮するばかりだった。

アドバイス

日頃から紛争の絶えない夫婦の場合、妻側が将来の離婚に備えて秘かに”へそくり“を蓄えている事は良くある事だ。離婚紛争の中で、夫側が家計の資金使途が不明朗だと言い出す事もしばしば見られる。隠し預金があるに違いないという事なのだが、その場合隠し預金があると言う《挙証責任》は夫にある。"へそくり"は夫に分からないようにするのが通常だから、証拠を出せと言われてもなかなか証拠は出せない。調停ではそういう夫から、裁判所に対して妻の預金を調べて欲しいと要請される事がある。しかし、あるかどうかも分からない預金を調べる事は裁判所もしない。財産分与は明らかになっている財産を対象にして行われるものだから、分からないものはその対象にならない。

財産分与について付け加えると、マイナス財産が財産分与の対象になるかどうかという問題がある。例えば夫に借金があって、これが財産分与の対象になるのだが、結論から言えば、財産分与の対象になるのはプラス財産だけである。マイナスの財産は財産分与の対象にはならない。ただ現実問題として、住宅ローンの処理をどうするかというような事が離婚調停の中で話し合われる事は多い。住宅ローンには妻が連帯保証人や連帯債務者になっている事もあり、また対象不動産も夫婦の共有になっている場合もある。住宅ローンの返済が進んでいないと処分しても借金が残るケースがほとんどだから、住宅ローンが離婚問題の障害になる事はしばしば見られる。

【ケース6】妻よりペットが大事な夫

●夫／明　（62歳）　元大手商社勤務
●妻／弘子　（56歳）　主婦
○子供は成人し、別居

明は大の犬好きだった。以前は屋外で雑犬を飼っていたが、定年退職してから室内犬を飼い始めた。現在はシーズー犬を2匹、ミニチュアダックスフントを1匹飼っていて朝からその世話に余念がない。だが、妻の弘子はあまり動物が好きではない。特に室内犬の場合、どうしても家中が犬臭くなるようで嫌だった。それにも増して気に入らないのは、夫の明が自分より3匹の犬の方が大切らしいことだった。

弘子は、前に原因不明のめまいに悩まされたことがあった。この時、明は「寝ていれば治るさ」と言ったきりで、放って置かれた。ところが、愛犬のミニチュアダックスフントが病気になった時は大騒ぎだった。直ぐに病院に連れて行き、夜もろくに寝ないで看病していた。自分がめまいで苦しんでいた時と比べて余りの違いに腹が立ち、「私と犬と、どっちが大事なの?!」と聞いたことがあった。それに対して明は、「それは犬に決まっているだろう。女房に代わりは居るが、チビたちに代わりは居ないからな」と迷わず答えた。

それが本心かどうか分からなかったが、弘子はそれ以来、必要な時以外に明と口を効かなくなった。しかし明はそんなことには平気で、相変わらず犬の世話に夢中だった。弘子は冷めた目で夫を見るようになった。

弘子はこれまでの結婚生活を振り返ってみて、夫から優しい言葉を掛けてもらったことが無いことに気が付いた。考えてみれば、自分たちの結婚式や新婚旅行の時でさえ、「きれいだよ」とか「可愛いよ」なんて言われなかった。それが今、犬たちに向かってしきりに「お前たちはなんて可愛いんだろう」などと、四六時中言っている。夫にとって自分は単なる家政婦に過ぎないのかと憤慨した。弘子は、妻より犬を大切にする冴えないおやじと一緒に暮らすことに嫌気が差してきた。夫の退職金も手付かずで残っているし、年金の分割制度を待って離婚に踏み切ろう、そう決心して離婚に向けて秘かに準備し始めた。

明は、そんなことは夢にも思わず、今日も犬たちの世話に余念ないのだった。

アドバイス

〝妻よりも趣味が大事〟、うっかりそう口に出してしまう夫がいる。〝世間知らずの馬鹿なやつだ〟という態度で妻を見下す夫がいる。さらには、妻をモノ扱いする夫もいる。こういう夫たちは、妻たちにとって我慢のならないものである。「ひとりの女性として扱ってもらったことがない」、そう訴える女性はたくさんいる。

実際には、夫が本気でそうは思っていない場合もある。長年の夫婦生活に慣れてしまい、それが当たり前だと思い、妻たちが傷付いているとは想像もしない。〝女房は空気のような存在〟。これもよく耳にする言葉だが、妻の存在価値を認めていないと思われかねないから注意したい。

また女性の場合、「これから何年もこの人と暮らしていくのか」という視点で夫を見るらしいので、男性は注意が肝要だ。定年となり、朝から晩まで顔を突き合わせるようになった時が危ないのである。熟年離婚はお互いの〝ちょっとした気配り〟で避けられるケースがたくさんある。だが、その気配りがなかなかできないのではあるが。

第3章

離婚の申し出にどう対処するか

《1》冷静に状況を把握しよう

妻から離婚を切り出されたら、その時あなたはどう対応するだろう？　怒ってわめくか、情けなくて泣くか、老後の希望を失って死にたくなってしまうのか……。

もし本当に現実のものとなった場合、先ずは離婚を回避する事を考えたい。どうしても避けられない状況であると判断したら、できるだけ良い形で離婚するにはどうするのかを考える。当然、その中には条件などの問題も入ってくる。この2段階で考える事を基本としたい。離婚を回避できるのか、できないのか、その見極めが重要である。せっかく長い間夫婦としてやってきたのだから、できるだけ離婚を避けたいと考えるのは当然だと思う。そして離婚が避けられないと分かったら、互いに恨みつらみは残さず友人としての関係を保って別れる事ができれば理想的である。

以上のような考え方から、先ずは慌てるのはよそう。うろたえたり、カッとなったりしたいところだが、ここはできるだけ冷静になりたい。実際にはなかなか難しい事かも知れないが、冷静になってできる限り状況を把握しよう。これまで仕事や人生で数々の修羅場をくぐってきたあなたなら、何か起きた時に慌てるとろくな事にならない事は充分に承知の筈だ。「先ず、状況をできるだけ正確に把握しろ！」と何度も部下に指示してきたではないか。

ここでカッとなってしまうと妻の方も感情的になり、家庭はたちまち修羅場となる。互いに感情をぶつけ合えば状況把握どころではなくなってしまい、冷静に話し合いのできる状態まで戻すのは容易ではない。"驚愕"、"腹立ち"、"気持ちの昂ぶり"などをグッと抑えて妻の思いを冷静にかつ辛抱強く聞いてみるべきだ。

①なぜ離婚したいのか？　自分のどこが気に入らないのか？
②いつ頃から離婚を考えていたのか？
③決意はどの位固いのか？
④離婚した後、どうしようと考えているのか？
⑤離婚に伴ってどういう条件を考えているのか？

知りたいのはこの辺である。だが一度に全部を把握しようと思っても無理かも知れない。先ずは①の「なぜ離婚したいのか？」を把握しよう。とかく男は回りくどいのを嫌う。つい、「それで結論はどうなんだ！」と言いたくなる。だがここはひとつ、我慢強くなって貰いたい。そうでなくとも、女性は能率的に話しをする事に慣れていない。論点があちこちにいく筈だ。うっかりすると、とんでもない方向にいってしまいそうになるが、そこは辛抱して本筋から離れないように軌道修正しながら話を聞く。ここでじっくり話を聞くのと、ろくに話を聞かないで騒ぎ立てるのとでは、その後の展開が大きく変わってくる。怒鳴り付けるなどは最悪の選択である。なるべく口を挟まない、話を遮ったり反論したりしない。落ち着いて思いを伝えてもらう事が大切である。そして時々、相槌を打ちながら熱心に話を聞こう。反論せずに黙って聞くのはかなり辛い作業だろう。でも、一旦は妻の言う事に耳を傾け、妥当性はともかくとして思いを受け止めてあげよう。反論は日時を改め、妻の主張を冷静に整理してからでも遅くはない。妻の言い分をじっくり聞く事で、状況をより正確に把握できる上に、話を真剣に聞いてもらえたという満足感を妻に与える事ができる。真剣に思いを受け止めた事によって、夫婦の破綻を回避できる可能性が生まれてくる事も考えられるし、以後の話し合いが感情的なものではなく冷静な姿勢で臨める素地が醸成される事にもなる。

状況を把握したら話し合いを一旦終え、互いに考える時間を取る。妻の方は、これまで腹の中に溜めてきた事を一気に吐き出したので満足感もあると思う。

「君の話は、ひと通り分かった。僕の気持ちとしては離婚したくないが、よく考えてみたいので少し時間をくれ。今日はここまでにして、もう一度日を改めて話を聞こう。それまでに僕の考えも整理してみたい」

こんな風に進められると、基本は話し合いという事になるだろう。互いに大人の態度で話し合いを進められればそれに越した事はないし、きっとできる筈である。

《2》状況の整理と分類

状況の把握ができたら、それを整理して分析してみよう。いったい妻が離婚を望む原因は何なのだろうか？　次のどのパターンに該当するだろうか。

①過去の傷跡を長年温めてきたが、何かのきっかけで傷口が破れたケース
②性の不一致などのように、何かに対して嫌だと思いながら、長年ずっと耐えてきたものがついに我慢の限界に達したケース
③夫に男性としての魅力を感じず、これからの老後を一緒に暮らすのが嫌になった。ひとりの女性として、自分の人生を生きたいというケース
④夫の女性問題、ギャンブル、借金などが原因になっているケース

さて以上の①から④の各ケースについて、その対応を考えてみよう。

●過去の傷口が破れたケース

このケースは、かなり深刻である。妻が離婚を言い出したのは、過去に何らかの原因があった。それをずっと胸の内で温め熟成させてきた、という2つの要因に起因しており、昨日今日の事ではないから、決意は相当固いものがあると考えられる。

妻の主張をできるだけ静かに受け止め、これまで妻の気持ちに気付かなかった事について詫びる。そして反省の上に立った今後の2人での生き方を提案する。これからも変わらず一緒に生活していきたいと訴える。

妻を翻意させる事は相当難しいと覚悟しなければならないが、説得が不調に終った時は、条件面の話し合いをするしかないだろう。冷静に誠意を持って話し合いで解決する事が大切である。

●嫌な事を耐えてきたケース

修復はほとんど不可能に近い。でも、やり直せる確立はゼロではない。関係を修復したいと願うなら、「嫌がっていた事を今後は絶対にしない。同じ事を繰り返したら即離婚されても良い。その場合は慰謝料を支払う」、こういった趣旨の〝念書〟を渡す位の覚悟が必要だろう。つまり、誠意を具体的に表すという事だ。誠意を示しても修復は無理と判断したら離婚を受け入れ、条件などについて話し合う事が現実的だろう。

●男としての魅力を問われたケース

充分に関係修復は可能だと思う。これからの余生を充実したものにするためにも、自分自身を見つめ直すためにも、ある意味でチャンスと言えるかも知れない。魅力ある自分作りに挑戦すると共に、妻にも自由に生きる事を許容する。妻の心の奥底には、これまでのように夫に自由を拘束されながら老後を過ごしたくはないというのがある。夫と妻の双方がそれぞれの領域で自由に生き、友達のような夫婦関係の構築を目指すなどの提案が効を奏するかも知れない。

このケースの場合は、夫に対してうんざりはしているものの、長年苦労を共にしてきたという感情が残っている場合が多い。消えかかっている火種に息を吹き掛け、炎にする努力が必要だと思う。

●女性問題、ギャンブル、借金などがあるケース

このケースは原因がはっきりしている。ただちに原因となった問題を改め、謝るしかない。だが、歳を取ってからのめり込んだ女性やギャンブルは、簡単には治まらないかも知れない。

この4番目の原因は、熟年離婚というよりは離婚全般に当てはまるものである。

《3》方針を固める

状況を把握し、整理や分類を終えたら方針を固めよう。

①離婚にはあくまで応じない。最悪の場合は離婚訴訟も仕方が無い
②離婚は避けられないと考え、条件の話し合いに入る
③すぐには離婚には応じたくない。冷却期間を置いて、その間の別居も止むを得ない。婚姻費用支払いにはきちんと応じる

どの方針にするのかを決めた上で、方針に基づいた折衝を《協議離婚》（私的な話し合い）で進めるのか、《家事調停》（夫婦関係調整）に持ち込むのかも考えなければならない。ただし、熟年離婚は妻からの申し出が多いだろうから、妻側の出方に応じるしかない。ただあらかじめ、《協議離婚》あるいは話し合いによる関係の修復でいくのか、《家事調停》も止むを

得ないと考えるか、《裁判》になっても良いと考えるのか、その辺を決めておく必要がある。

夫婦での話し合いがゴタゴタして泥沼化する懸念があれば、《家事調停》による話し合いを夫側から提案しても良いと思う。離婚紛争は感情的になるなと言っても、どうしても感情的になってしまう。感情任せに常識外れの要求を出された時は、むしろ積極的に《家事調停》を活用すべきだと思う。離婚ばかりではなく、関係修復の調停もあるのだから、調停の有効活用を考えても良いのではないだろうか。ただし、全てが公になってしまう《裁判》は、できるだけ回避した方が良いと思う。

《4》条件の詰め

離婚が回避できない時は、条件面の話し合いになる。要求される条件は妻側の姿勢によってずいぶん変わってくる。妻の気持ちがその要求に入り込むから、慰謝料も1000万円などという高額請求になってくる事がある。そこで妻の要求はそれとして、自分の条件を決めておくべきだろう。通常財産分与でも慰謝料でも、相場というものは無い。あくまでもケース・バイ・ケースである。財産分与は最大で婚姻期間中に築いた財産の半分、慰謝料は50万から300万円位が普通で、多くても500万円程度が目安となる。間違っても支払能力を超えるような金額を決めてはいけない。できるだけ一活で払える範囲内で決めた方が良い。もちろん分割払いもあり得るが、後々まで問題を引きずらずに決着を付けてしまいたいところだ。

慰謝料という言葉に抵抗がある場合は、《離婚に伴う解決金》として支払うように決めてもらう。ただし、女性の中には〝慰謝料〟という言葉に非常にこだわったり、金額よりも謝罪を要求する人もいる事を覚えておいた方が良い。金額を決める時は、バナナの叩き売りのように細々と値切ったりせずに、ある程度スパッと決めた方がお互いにとって良い別れ方ができるのではないだろうか。

《5》時間を掛けず、こじらせずに解決を

離婚はかなりのエネルギーを浪費するものだ。そもそも決して楽しい問題ではないし、前向きな事柄でもない。だから精神的な負担が大きく、人によっては仕事にも影響したりする。女性なら心療内科に通うようになる人もいるので、早く解決したい問題である。時間が解決

してくれるという事もあるが、時間を掛ければ良い解決ができるというものでもない。時間を掛ける事でかえって泥沼にはまり、身動きできなくなる事もある。そうなると、別れた後も恨みつらみが残ってしまう。離婚なので爽やかにというわけにはいかないだろうが、別れるにしてもできるだけ良い形で別れたい。そういう意味で、誠意を持った話し合いの重要性を説いてきた。

また、どこかで割り切る事も必要である。何度も繰り返すが、感情的になって良い事はない。ただ熟年離婚の場合、夫婦としての長い歴史があるだけに、紛争解決も簡単ではない。特に、これからは年金分割の問題が絡む。この問題は理解不足も手伝って、かなり紛糾するケースが増えるだろう。恐らく、世間にこの制度が充分に理解されるまでは当事者同士の話し合いでは解決できず、《家事調停》に持ち込まれるケースが増えるだろう。

第4章

熟年離婚を避けるために

《1》他人事ではない熟年離婚

これまで様々な角度から熟年離婚について検討してきた。定年を迎えて、長年連れ添った妻とこれから穏やかな老後を過ごそうと思っているところに、突然離婚問題が湧き起こる。それはまさに晴天の霹靂で、今まで離婚など夢にも思っていなかった夫はその時どう対応するだろうか？　まず熟年離婚そのものについて男女に聞いてみた。

●世間の騒ぎ過ぎとAさん、不安そうなBさん

トイレタリーメーカーの支店で営業部長をやっているAさん（56歳）は、熟年離婚について次のように答えた。

「熟年離婚ですか……。世間では色々騒いでいるようですね。私のところは特に問題ないので心配していません。女房とはうまくいっていますよ。テレビや女性週刊誌の騒ぎすぎじゃないですか？」Aさんはそう答えて、自分のところは関係ないと自信ありそうだった。

そこで今度は信用金庫支店長をしているBさん（54歳）に聞いてみた。

「どうなんでしょう、私のところは普通の夫婦だと思っているのですが……。熟年離婚のドラマを見た時は心配になりました。本屋でこっそり離婚の本を立ち読みなんかしたりして。

女房に聞いてみるわけにもいかないですし、ちょっと不安になっています。夫婦の会話が少ないので、女房がどう思っているのか実際はよく分からないものですから。定年を迎えてから離婚を言い出されたらどうしよう……。考えただけでゾッとしますね」

このように、熟年離婚は他人事と思っている男性、反対に自分も危ないのではないかと秘かに心配している男性もいる。しかし、熟年離婚は他人事ではなく、もしかすると自分の身にもそれが起きるかも知れないと認識する事が、熟年離婚を避ける第一歩だろう。

危機管理の基本は早期発見、早期対処にある。水が目に見えないほどの割れ目からチョロチョロ漏れている段階で補修しないと、気が付いた時には大水になる危険性がある。転ばぬ先の杖こそが、熟年離婚を避ける上で何より大切なのである。あなたのところに水漏れはないだろうか？

●年金分割に関心を示すCさん

女性の方はどうなのだろう。専業主婦のC子さん（54歳）は、次のように言う。

「夫から離れて果たして経済的にやっていけるのか、これは女性にとって大きな問題です。特に私のような専業主婦には重要です。50歳を過ぎた女性が簡単に良い仕事を見付けられるとは思えないし、ましてや社会参加の経験の薄い専業主婦が、夫からの独り立ちに大きな不安を抱く事は当然だと思います。2007年4月から始まる年金の分割制度は、女性たちの間で大きな話題になっていますが、この制度は単純に年金の半分を貰えるものではないようですし、色々難しい条件があると聞きました。だからもう少し詳しく話を聞いてみたいと友達と話しています。仮に年金を半分もらえたとしても、それで経済的な問題が解決するわけではありませんし。でも年金分割の制度が始まれば、離婚を考える人が増えるのは間違いないと思います。私だって関心がありますから」

《2》熟年離婚を避けるための日常の心構え

●夫婦のコミュニケーションを増やす

離婚には色々な原因や要因があるが、ほとんどの夫婦に共通するものがある。それは夫婦間のコミュニケーションの欠如である。もう長い間夫婦をやっているのだから、いちいち口に出さなくても分かり合えていると思っている夫が多い。だがこれは男性の錯覚であって、女性は男性と違って言葉に出してもらわないと分からないのである。かつて「男は黙って○○ビール」というCMがあった。男は余計な事を言わないのが美徳と考えられる時代もあった。しかし、これはあくまで男性同士の事。”言わず語らず、腹と腹“は女性には通用しないのだ。

夫婦関係が上手くいっていない夫婦は、ほとんどコミュニケーションができていない。「夫はほとんど喋らない。だから夫の気持ちが分からない」「妻との間には会話が無い。何を考えているか分からない」。《家事調停》で裁判所を訪れる夫婦からよく聞かれる言葉である。口下手、無口と言われる夫や妻に話を聞いてみると、決して口下手でも無口でもない。たくさん喋るのである。要は相手の聞く姿勢に問題があるようだ。昔から”話し上手は聞き上手“と言われる。しかし一方が、あるいは双方が聞き下手では、会話は成立しない。

コミュニケーションは言葉のキャッチボールである。一方が言葉のボールを投げ、相手はそれを受けて投げ返す。この繰り返しによって、言葉のキャッチボールは成立する。受けるのは嫌いと言ってボールを投げてばかりではキャッチボールは成立しない。一方が喋りまくるタイプだと、相手は必然的に黙るしかない。キャッチボールは成立せず、無口で口下手な夫ができ上がってしまう。また、相手の受けにくいようなボールばかり投げていてもキャッチボールは上手くいかない。受ける人の事を考えないでボールを投げる人も結構多い。コミュニケーションを上手に続けるには、自己中心ではいけない。

”きく“には『聞く』と『聴く』の2種類がある。『聞く』は意識して耳を傾けなくても聞こえてくる雑音やテレビの音を聞く事。内容を理解しようと思わなくても、音が聞こえてくるのが『聞く』である。これに対して『聴く』の方は、”さあ、伺いましょう“とじっと耳を傾ける事を言う。コミュニケーションで大切なのは、この『聴く』の方である。上手に『聴く』事が、コミュニケーション力を向上させる重要なポイントになる。『聴き上手』になれば、相手の立場になって話す事ができるので話し上手になれるのである。

夫婦関係に破綻をきたしている場合、そのほとんどにコミュニケーション障害が見られる。良好なコミュニケーションを保つためには、夫婦の双方が努力しなければならない。辛抱強く、人の話を『聴く』努力を続けてほしい。熟年男性に、「離婚を避けたいと思ったら、コミュニケーションを大切にしなさい」と言うと、「そう言われても今さら照れくさくて会話なんかできないよ」という人も多い。しかし、何事も努力しないで上手くはならない。

●女房は空気ではない

”女房は空気のような存在“と言う人がいる。居なくては困る、だが居ても改めて存在を感じないほど、当たり前の存在になっているという事だろう。その『居て当たり前の存在』が、秘かに離婚を考えているとしたらどうだろうか？　空気どころの話ではない筈だ。空気のような存在に感じるのは夫の勝手である。ところが、妻の方は”亭主元気で留守がいい“と思っている。いつも側にいられると目障りで仕方が無い存在になっている。

家庭は男にとって居心地の良い場所である。そこには嫌な上司は居ない、無理を言う得意先や、おだてて使わないと働かない部下も居ない。自分の言う事を聞いてくれる妻が居て、「お茶！」と言えばお茶が出てくる。妻は夫が外では色々と大変なのだろう、疲れているだろうと、夫の立場を理解して労わってくれる。男はその労わりに甘え、我がままを許してもらっているのである。だが男にとって居心地の良い場所は、妻にとっても良いとは限らない。家庭は一方にだけ居心地の良い場所であってはいけない。夫婦が互いに気配りしあって、居心地の良い場所を作る努力を怠ってはならない。そうでないと、定年退職して毎日家に居るようになった時、状況は一変する恐れがある事を覚悟しなければならない。

妻は幾つになっても女性である。いつも見ていて欲しいし、誉めても欲しい。女性同士が「まぁ奥さん、今日はおキレイね。いつもお若いわぁ」などと誉め合うのも、注目され誉められるのが嬉しいからかも知れない。男の場合は、容姿よりも能力を認められると喜ぶ傾向がある。女性だって、能力を誉められて喜ばないわけがない。ただ家事に関しては、毎日の事だけに夫はなかなか誉める事をしない。一生懸命に作った妻の料理を黙々と食べる夫を見て、「この人は味が分かっているのかしら？」とイライラし、「美味しいの？　不味いの？　何とか言ってよ！」という事になる。夫の方は「何を今さら……」と思っている。だが、妻はやはり口に出して「美味しい！」と言ってくれる事を期待している。

妻を空気のような存在などとは思わずに、ひとりの人間として、女性として接し、口に出して評価する事が大切だ。会社では部下に対していつもそれを心掛けている筈である。「毎日頑張ってるな！　君の努力はちゃんと評価しているからな」と部下の存在を認め、誉め言葉も口にしていると思う。女性の部下には、「今日のヘアスタイル良いね、美容院へ行ってきたの？」などと言っている筈だ。それなのに家へ帰るとそういった気配りはさっぱりしていない。部下も妻も同じなのだ。認めて欲しいし、評価もして欲しい。夫は照れずに妻を誉めるべきだ。毎日会社でやってきた事だ、家でもやってみよう。

《3》たまには夫婦間の健康診断が必要

健康に留意する人なら、年に一度位は人間ドックに入って自分の健康状態をチェックするだろう。健康に自信のある人に限って、自分を過信するために健康を害したりしがちである。夫婦や家庭も同じ事だ。我が家はとても仲が良く万全だと思っている夫婦に限って、実はひび割れを起こしていたりする。この世に絶対は無いのである。

年に一度位は家庭の健康状態をチェックして見よう。夫婦が互いに素直な気持ちで自分たちの夫婦としての在り方を話し合うことができれば理想的だが、実際にはなかなか難しいことと思う。そこで本書の冒頭に記載した「熟年離婚危険度チェックシート」を活用していただきたい。一度ひびが入ったものを元通りにするのはなかなか難しい。そうなる前にチェックを怠らずに危機を事前に回避したい。

《4》なるべく出掛ける先を見付ける

定年退職した夫が家にずっと居る事は、妻にとっては重大な問題である。これまでよりも夫に拘束される時間が大幅に増え、妻の生活のリズムが崩れるのである。夫がいつも家に居る事によって起きる不協和音を避けるためには、定年を迎えた夫はなるべく妻の生活のリズムを崩さないように心掛ける事である。どんなに仲の良い夫婦でも、24時間顔を突き合わせているのは避けた方が良い。

まず、自分の事は自分でやる事。そして毎日出掛ける場所を見付ける事だ。そうはいっても、いつも公園のベンチに座っているわけにもいかない。新たな仕事でも良い、ボランティア活動でも趣味でも良いから、そういう場所を持つべきである。

そのためには定年を迎えてからでは遅い。定年を迎える2、3年前から、定年後の生活設計を考えた方が良いだろう。どうしても行く場所が見付けられなければ、せめて書斎を整えて日中は書斎にこもり、昼食は自分で作る位の配慮が必要だろう。

《5》新しい夫婦関係の構築を

熟年になった夫婦は、新しい夫婦の在り方を考えるべきだ。

第一に、定年退職した夫は家の事を何でも妻に依存するのは止めた方が良い。夫婦の役割分担をもう一度考え直してみる事だ。料理の好きな男性は、食事の支度を自分の分担にしたって良いわけである。その家庭の状況に応じて役割分担を再構築すれば良い。

第二に、共通の趣味を持つ事も良い事である。これによって、共通の話題ができて会話が弾み、ふたりの世界が広がる。良好な関係作りに役立つだろう。

第三に、服装や身だしなみに留意すべきである。いつも家に居るようになると、服装に構わなくなる。1日中パジャマ姿とか、よれよれのスポーツシャツではみすぼらしい。年齢も年齢だから、服装が冴えないとたちまち貧相な爺さんになってしまいかねない。その上、服装がきちんとしていないと、気持ちまでだれてしまうものだ。妻から見ると「やれやれ、これが自分の惚れた男か」という事になる。やはり家にいても、身だしなみはきちっとしていたいものだ。これもどこか毎日出掛けるところがあれば、それなりに服装も整えるようになるだろう。

服装や身だしなみの事は女性だって同じである。今さら旦那の前で気取ってみても仕方が無いと化粧もせずに服装はくたびれたジャージー姿では、百年の恋も冷めてしまう。幾つになってもお互いに身だしなみには気を使い、若々しい魅力を保つ努力を続ける事は大切である。

熟年なればこそ、新鮮さとある種の緊張感を保って、新しい夫婦関係の構築をふたりで考えていく必要があるだろう。

【子どもなしの場合】 婚姻費用算定表

算定表には以下の6種類がありますが、ここでは①の「夫婦のみの場合」の算定表の一部を記載しています。

① 夫婦のみの場合（子供なし）
② 子供1人の場合（子供0～14歳）
③ 子供1人の場合（子供15～19歳）
④ 子供2人の場合（第1子及び第2子ともに0～14歳）
⑤ 子供2人の場合（第1子及び第2子ともに15～19歳）
⑥ 子供2人の場合（第1子15～19歳、第2子0～14歳）

算定表の見方

1.婚姻費用を支払ってもらう権利がある人の年収を横軸で選択します
2.婚姻費用を支払う義務のある人の年収を縦軸で選択します
3.権利者と義務者の年収が交わる点の金額が、婚姻費用の月額となります

※給与所得者
算定表の年収は、源泉徴収票に記載されている「支払金額」（税法上の控除がされていない金額）のことです。なお、他に確定申告していない収入があれば、それを加算した年収となります。

※自営業者
算定表の年収は、確定申告書に記載する「課税される所得金額」のことです。なお、基礎控除や青色申告控除などの税法上の控除額を加算した年収となります。

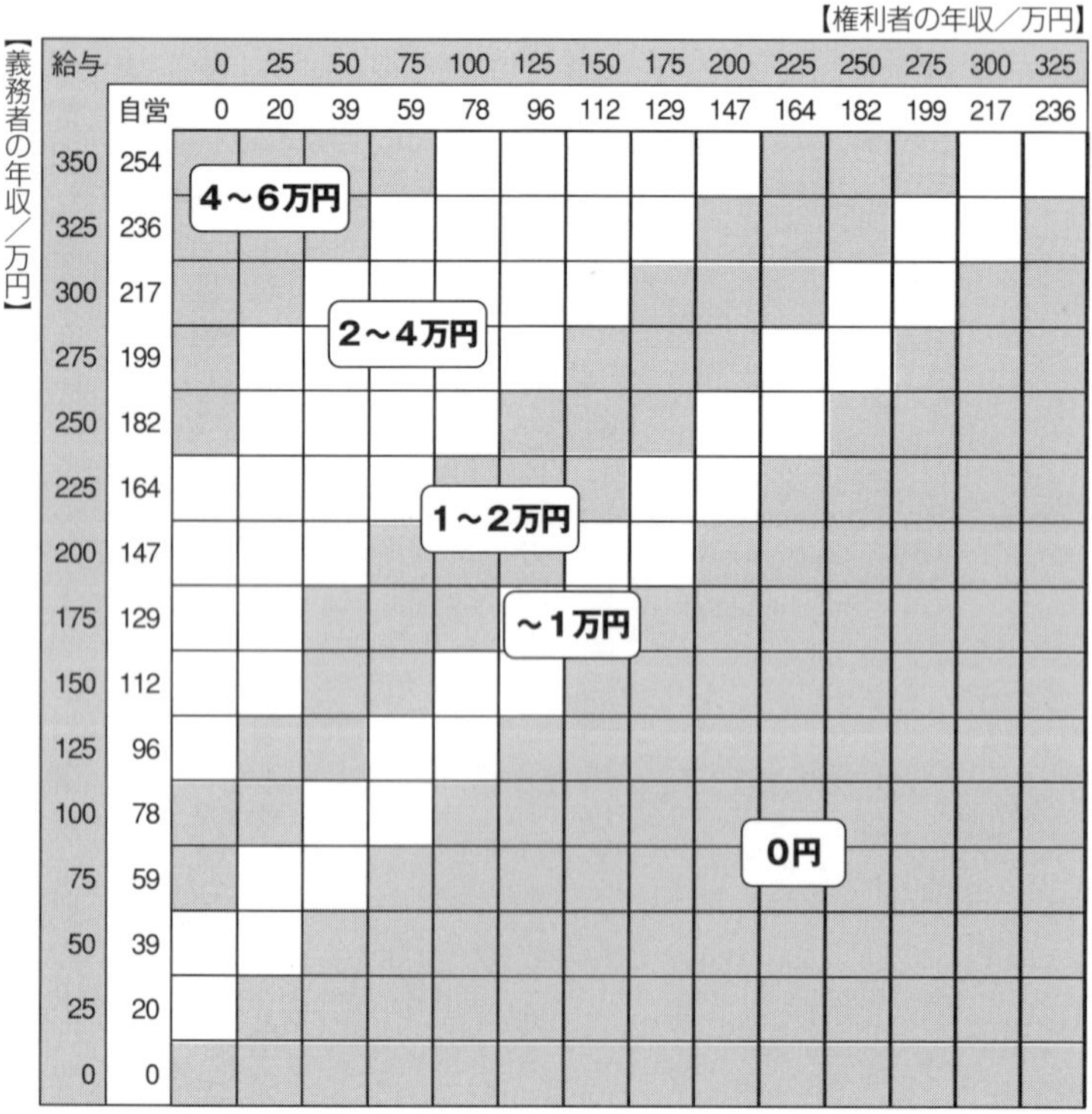

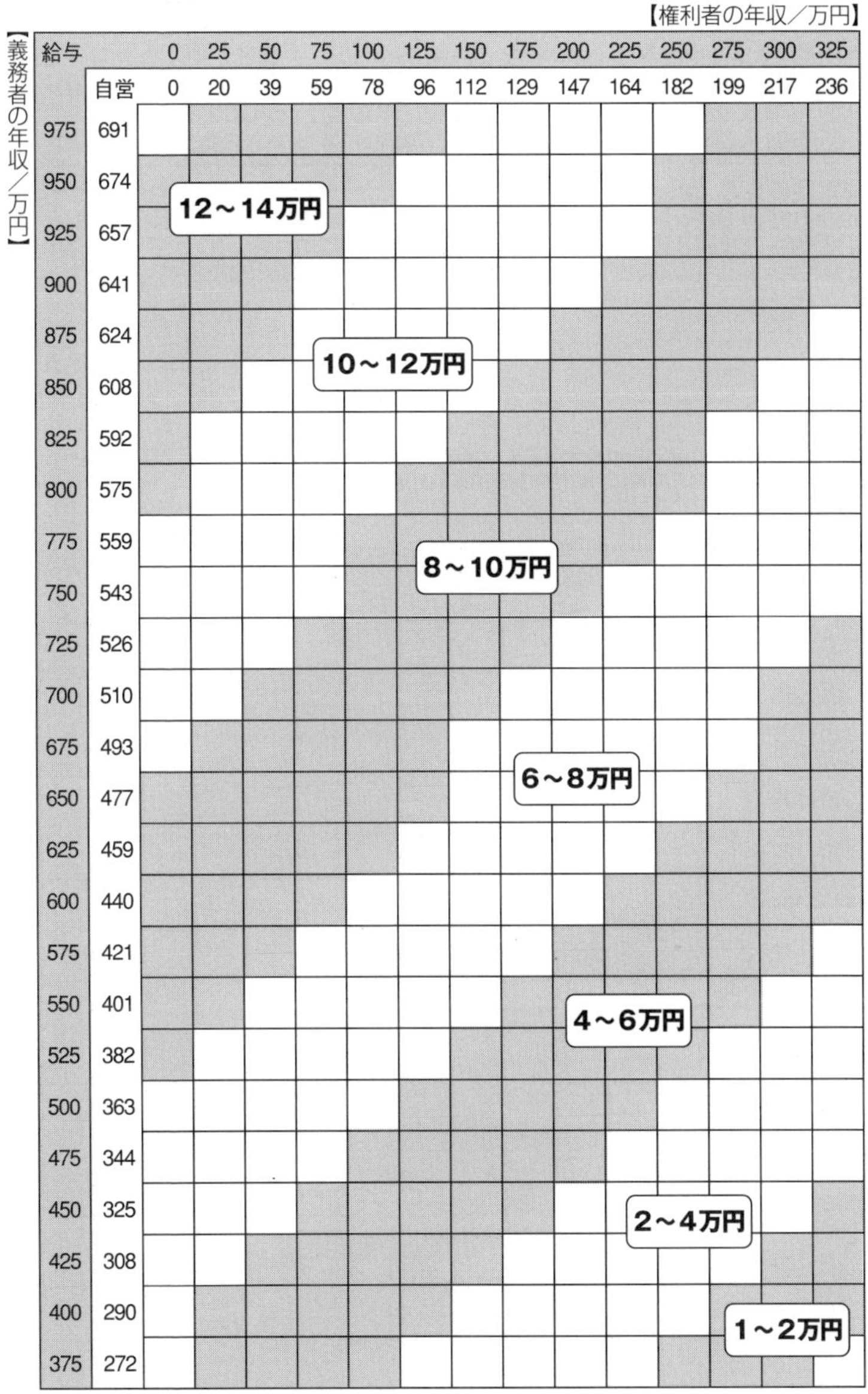
【権利者の年収／万円】
【義務者の年収／万円】
給与
0 25 50 75 100 125 150 175 200 225 250 275 300 325
自営
0 20 39 59 78 96 112 129 147 164 182 199 217 236
975 691
950 674
925 657
900 641
875 624
850 608
825 592
800 575
775 559
750 543
725 526
700 510
675 493
650 477
625 459
600 440
575 421
550 401
525 382
500 363
475 344
450 325
425 308
400 290
375 272
12～14万円
10～12万円
8～10万円
6～8万円
4～6万円
2～4万円
1～2万円

【子どもが2人（2子ともに15～19歳）の場合】 婚姻費用算定表

算定表には以下の6種類がありますが、ここでは⑤の「子供が2人で、ともに15～19歳の場合」の算定表の一部を記載しています。

① 夫婦のみの場合（子供なし）
② 子供1人の場合（子供0～14歳）
③ 子供1人の場合（子供15～19歳）
④ 子供2人の場合（第1子及び第2子ともに0～14歳）
⑤ 子供2人の場合（第1子及び第2子ともに15～19歳）
⑥ 子供2人の場合（第1子15～19歳、第2子0～14歳）

算定表の見方

1.婚姻費用を支払ってもらう権利がある人の年収を横軸で選択します
2.婚姻費用を支払う義務のある人の年収を縦軸で選択します
3.権利者と義務者の年収が交わる点の金額が、婚姻費用の月額となります

※給与所得者
算定表の年収は、源泉徴収票に記載されている「支払金額」（税法上の控除がされていない金額）のことです。なお、他に確定申告していない収入があれば、それを加算した年収となります。

※自営業者
算定表の年収は、確定申告書に記載する「課税される所得金額」のことです。なお、基礎控除や青色申告控除などの税法上の控除額を加算した年収となります。

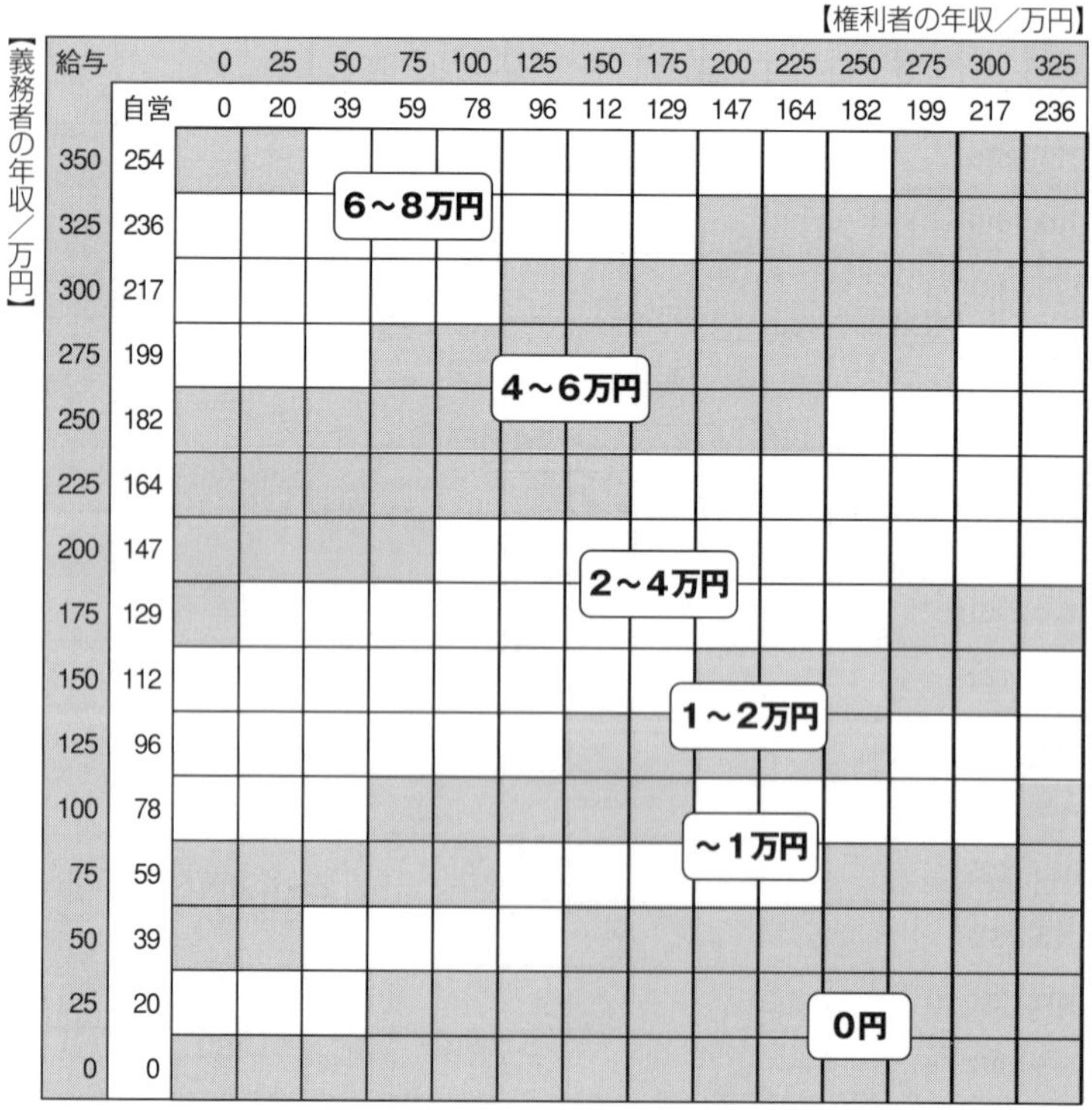

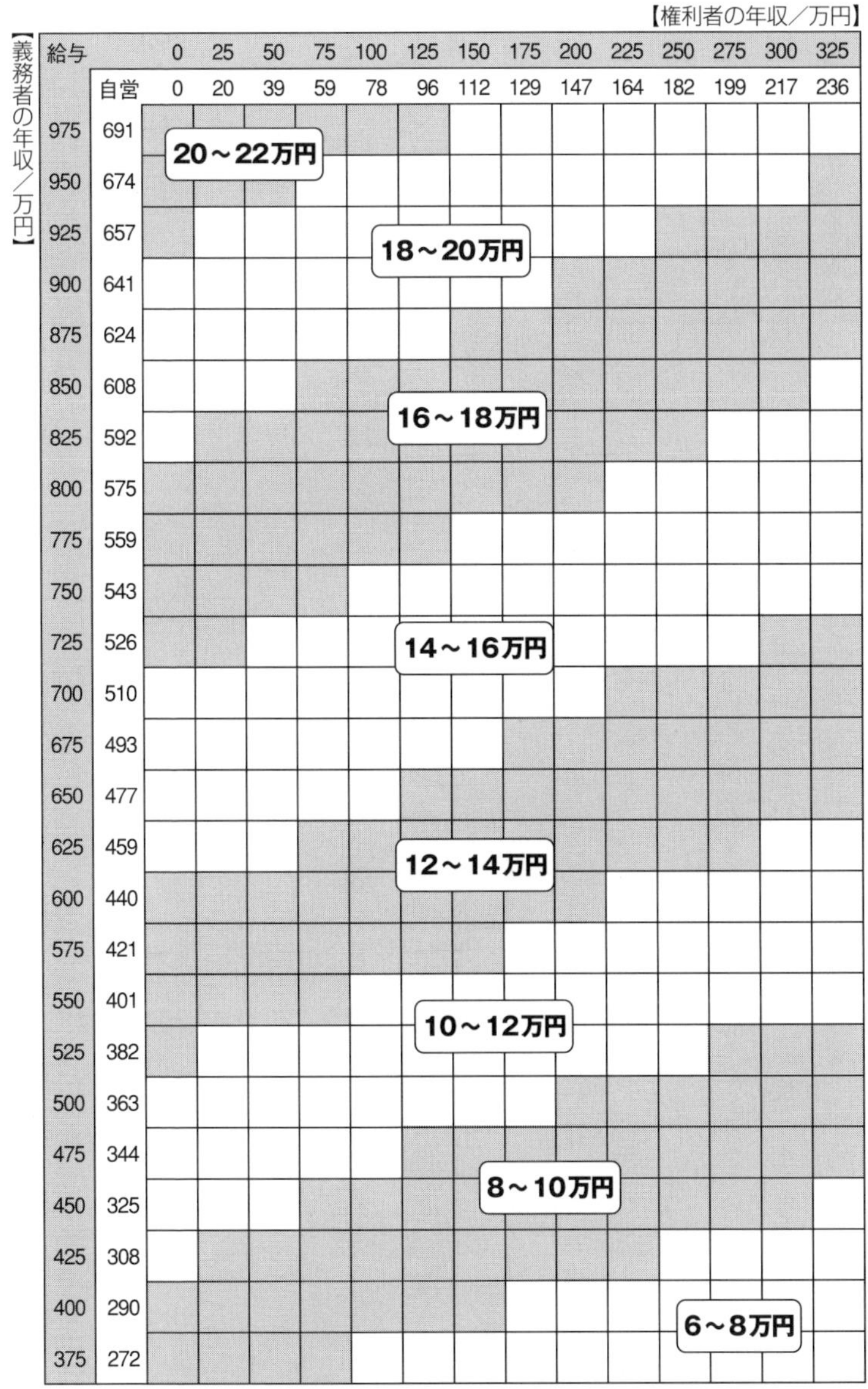
【権利者の年収／万円】
【義務者の年収／万円】
給与
0 25 50 75 100 125 150 175 200 225 250 275 300 325
自営
0 20 39 59 78 96 112 129 147 164 182 199 217 236
975 691
950 674
925 657
900 641
875 624
850 608
825 592
800 575
775 559
750 543
725 526
700 510
675 493
650 477
625 459
600 440
575 421
550 401
525 382
500 363
475 344
450 325
425 308
400 290
375 272
20～22万円
18～20万円
16～18万円
14～16万円
12～14万円
10～12万円
8～10万円
6～8万円

あとがき

7、8年ほど前だが、知り合いのオーストラリア人女性が「オーストラリアでは、女性が3人集まると1人は離婚した人だ」と言っていた。その時は、それは少しオーバーだろうと思ったが、日本もだんだん似たような傾向になってきたような気がする。

これまで数多くの離婚紛争の調停に携わってきた。その経験では、色々と男女の違いに気付く事が多かった。例えば、互いに顔を見たくないという事は男女共通に見られる事だが、女性の場合は夫と同じ部屋の空気を吸いたくないというような生理的嫌悪感が極めて強くなる。これは男性には無い事である。したがって、自分が酷く嫌われている事に気付かない男性も多い。また不倫の場合、女性は夫よりも夫の不倫相手を憎むケースがしばしば見られる。夫の不倫相手への感情は一時的なもので、目が覚めれば自分のところへ戻ってくると確信している女性が少なくない。そして、夫をそんな状態にした女が許せないという事になる。今や不倫は男女を問わず見られる事だが、夫の不倫相手に慰謝料を請求する妻はしばしば見られる。ところが、妻の不倫相手に慰謝料を請求する夫はほとんどいない。これはほんの一例だが、このような男女の違いも認識しておかないと離婚調停はなかなかうまくいかない。

さて、2007年4月以降、本当に熟年離婚は急増するのだろうか？　「いや、騒がれているほどには増えない」という見方もある。でも、私はかなり増加するのではないかと感じている。事実、知り合いの離婚カウンセラーに聞くと、離婚の相談件数は決して減っていないと言う。そして、熟年女性の離婚相談があった場合は2007年4月まで待ちなさいとアドバイスしているそうだ。団塊世代の定年退職が熟年離婚の引き金になるという最近の風潮を見ると、定年間近の熟年男性はこれから大変だなぁと同情を禁じえない。この事が本書を書くに至った動機である。

年金分割をきちんと理解していない人もたくさんいる。年金分割の絡む離婚紛争は当事者間ではなかなか解決できず、そのために調停に持ち込まれる事件も増える事が予想される。しかし離婚調停という言葉は知っていても、調停が実際にはどういうものかを知っている人はほとんどいない。本書では、調停とはどういうものかと不安に思う熟年夫婦の皆さんに、調停の雰囲気を伝えられたのではないかと思う。

熟年離婚に限らず、離婚そのものが避けられるものなら避けた方が良いのは言うまでもないが、特に熟年夫婦の場合は色々な問題を共に乗り越えてきた関係である。もう一度視点を変えて夫婦の在り方を考え直せないものであろうか。離婚というマイナスの紛争にエネルギーを費やすのなら、新しい夫婦関係の構築という前向きの努力にエネルギーを向けた方がずっと利口だし、建設的だと思う。

ともあれ、熟年夫婦の皆さんだけではなく、ポスト熟年の若い夫婦の皆さんにも夫婦の在り方を考えるきっかけになれば著者として幸いである。

２００７年３月

太秦　康紀

太秦 康紀（うずまさ・やすのり）

1935年、北海道札幌市生まれ。

北海道大学法学部卒業後、北海道銀行、寿原薬粧株式会社社長、株式会社バレオ副社長、株式会社ほくやく監査役として金融や医薬品関連業務に携わる。

97年、札幌家庭裁判所家事調停委員に任命され、05年9月末をもって退任（定年）、現在は株式会社スハラ食品監査役のほか、エッセイスト、リスクコンサルタント、コメンテーターとして北海道のラジオやテレビにも出演、「コミュニケーション・リスク」「熟年離婚」「シニアライフの生活設計」などをテーマとした講演など、多方面で活躍している。

著書に、『しなやか散歩道』（近代文芸社）、『しなやかれすとらん』（北海道新聞社出版局）、「さらり一漫歩」（新風舎）がある。趣味は川柳（雅号／三猿）。


あなたの奥さん、大丈夫？

妻は年金分割を待っている

2007年3月17日　第1刷発行

著　者　太秦康紀
発行人　後藤　洋
編集人　岡田　勝
カバーデザイン　辺見洋子

発行所　株式会社エムジー・コーポレーション
〒062-0935　札幌市豊平区平岸5条14丁目2-25 MG第2ビル
TEL.011-824-7511
FAX.011-832-7909
http://www.mgc-p.com

印刷所　凸版印刷株式会社

©Yasunori Uzumasa 2007 Printed in Japan

ISBN978-4-900253-27-8

定価はカバーに表示してあります
乱丁・落丁はお取り替えいたします